**냄새나는 똥이
에너지가 된다고?**

쓰레기에서 찾은 에너지 이야기

냄새나는 똥이 에너지가 된다고?

우설리 글 • 문대웅 그림

썬더키즈
thunder kids

| 작가의 말

이 책은 아주 사소하고 엉뚱한 생각을 계기로 시작됐어요.

어느 목요일이었어요. 쓰레기 분리수거장에서 쓰레기를 버리는데 비가 오려는지 하늘이 갑자기 어두워지면서 바람이 불기 시작했어요. 마치 검은 악당이 먹구름을 몰고 와 하늘을 덮고 아파트 전체를 집어삼킬 것만 같았어요. 그때 라면 봉지 하나가 날아와 제 정강이에 딱 달라붙는 게 아니겠어요?

"우리가 기후 악당을 물리치는 걸 도울 수 있어."

"쓰레기가 뭔 힘이 있어? 훅 불면 날아가는 라면 봉지면서."

"우리가 뭉치면 힘이 돼."

사람 키만 한 자루 안에 가득한 쓰레기들이 들썩였어요.

그때! 갑자기 비가 쏟아지는 바람에 저의 엉뚱한 상상은 끝이 났지요. 하지만 라면 봉지가 건넨 말 한마디가 계속 머릿속에서 맴돌더군요. 그때부터 쓰레기의 잠재력에 대해 파헤쳤어요. 쓰레기가 에너지가 된다면 기후 악당을 물리칠 힘이 생길 거라는 생각이 들었어요.

우리나라의 에너지 사용량은 세계 8위예요. 기후 위기로 폭염과 한파가 심해져 에너지의 사용량이 점점 늘어나는 추세지요. 안타깝게도 우리나라는 에너지 소비량의 약 94퍼센트를 수입하는 에너지 빈곤국이에요. 만약 1차 에너지(석유, 석탄, 가스)가 생산되는 나라에 문제가 생기면 우리나라는 직격탄을 맞을 수밖에 없어요. 이런 이유로 각 나라는 태양광이나 풍력처럼 고갈되지 않는 자연을 이용해 탄소 배출이 적은 신재생 에너지를 만드는 데 큰 노력을 기울이고 있어요.

폐기물 에너지는 우리가 더 이상 사용할 수 없어 버리는 것, 즉 쓰레기로 만드는 에너지를 말해요. 신재생 에너지의 한 종류지요. 풍력, 태양광 등의 에너지만큼 관심을 가져야 하는 이유는 폐기물 에너지가 심각한 쓰레기 처리와 에너지 부족 문제를 동시에 해결할 수 있기 때문이에요.

저는 이 책을 통해 이제 쓰레기를 더럽게만 보지 말고 자원으로 바라보자는 말을 하고 싶었어요. 자원을 함부로 버리는 사람은 없을 테니까요. 재활용할 수 있고 에너지로도 쓰이는 자원이라면, 우리가 분리배출도 그만큼 정성을 들이지 않을까요?

우설리

차례

작가의 말 • 4

1장 버려진 비닐이 에너지가 된다고?
비닐 귀신이 나타났다 • 11
쓰레기를 뒤져라! 에너지를 찾아라! | 폐기물 에너지 • 20
에너지 TALK파워! | 왜 플라스틱 쓰레기로 에너지를 만들까요? • 23

2장 냄새나는 똥이 에너지가 된다고?
개똥 줍는 이상한 아저씨 • 27
쓰레기를 뒤져라! 에너지를 찾아라! | 바이오 에너지 • 34
에너지 TALK파워! | 왜 똥으로 에너지를 만들까요? • 37

3장 눈 쓰레기로 에너지를 만든다고?
하얀 쓰레기의 변신 • 41
쓰레기를 뒤져라! 에너지를 찾아라! | 설빙 에너지 • 48
에너지 TALK파워! | 왜 눈으로 에너지를 만들까요? • 51

4장 치킨을 튀기고 난 기름이 에너지가 된다고?
신기한 버스 방귀 • 55
쓰레기를 뒤져라! 에너지를 찾아라! | 바이오디젤 • 64
에너지 TALK파워! | 왜 폐식용유로 에너지를 만들까요? • 67

5장 버리는 물로 에너지를 만든다고?

발전소에서 자란 물고기 • 71
쓰레기를 뒤져라! 에너지를 찾아라! | 수열 에너지 • 80
에너지 TALK파원! | 왜 버리는 물로 에너지를 만들까요? • 83

6장 음식물 쓰레기로 에너지를 만든다고?

에너지를 만드는 텐트 • 87
쓰레기를 뒤져라! 에너지를 찾아라! | 바이오가스 • 94
에너지 TALK파원! | 왜 음식물 쓰레기로 에너지를 만들까요? • 97

7장 나무 쓰레기로 에너지를 만든다고?

나뭇가지에서 시작된 기적 • 101
쓰레기를 뒤져라! 에너지를 찾아라! | 미이용 산림 바이오매스 에너지 • 110
에너지 TALK파원! | 왜 나무 쓰레기로 에너지를 만들까요? • 113

8장 버리는 열매로 에너지를 만든다고?

향기로운 에너지 • 117
쓰레기를 뒤져라! 에너지를 찾아라! | 과일 폐기물 에너지 • 126
에너지 TALK파원! | 왜 열매 쓰레기로 에너지를 만들까요? • 129

1장 버려진 비닐이 에너지가 된다고?

비닐 귀신이 나타났다

귀신이 나타났다

휘이익! 후드득!

바람 소리가 요란했어요. 동규는 할아버지 댁에서 멀리 떨어진 편의점으로 과자를 사러 가는 길이었어요. 동규는 도시에 살지만 봄 방학 동안에 할아버지 댁에 머무르고 있었어요. 강원도 횡성의 시골 마을이라 해가 질 무렵이면 길에 사람이 드물어 무서운 것 빼고는 그럭저럭 괜찮았어요. 그런데 오늘은 영 느낌이 좋지 않았어요. 안개까지 자욱해 평소보다 길이 더 어두웠어요.

'왠지 오싹한데?'

 삼거리를 지날 즈음에 무언가가 보였어요. 사람 키보다 두세 배는 긴 검은 머리카락이 하늘 위로 휘날리듯 춤추고 있었어요. 정확히 보이진 않았지만, 동규는 순간 온몸에 닭살이 돋고 머리카락이 갑자기 쭈뼛 섰어요.
 '귀, 귀, 신이다!'
 동규는 얼른 고개를 돌리고 빠른 걸음으로 걸었지만, 검은 머리카락은 푸드덕거리며 따라오더니 어느새 동규 머리 위까지 날아왔어요.
 "엄마!"

동규는 편의점을 포기하고 뒤돌아 뛰었어요. 그리고 집에 도착하자마자 방문을 열고 들어가 헉헉대며 말했지요.

"할아버지! 귀신을 봤어요. 검은 긴 머리… 제가… 좀 전에… 헉헉."

"귀신? 허허허. 혹시 삼거리 지나 산 밑쯤에서?"

"네! 그런데 어떻게 아셨어요?"

동규는 아직도 털이 쭈뼛쭈뼛 서는데 할아버지는 여유 있게 웃기만 했어요.

"네가 본 것은 귀신이 아니고, 비닐이다. 비닐 쓰레기!"

"네? 비닐 쓰레기요? 아니에요. 분명 아주 길고 무시무시하게 생겼다고요."

"내일 내가 직접 보여 주마. 귀신인지 비닐인지 함 확인해 보면 알겠구먼."

동규는 할아버지 방으로 베개를 챙겨 들고 왔어요. 오늘은 아무래도 혼자 자지 못할 거 같았어요.

버려진 비닐 쓰레기

다음 날 할아버지는 이른 아침부터 동규를 깨웠어요.

"동규야, 일어나라. 할배랑 밭에 비닐 귀신 캐러 가자! 호미 챙겨라."

"예? 비닐 귀신을 캔다고요?"

동규는 얼떨결에 할아버지와 트랙터를 타고 더덕밭으로 향했어요. 아직도 어제 생각만 하면 머리카락이 쭈뼛 서는 느낌이었어요.

트랙터를 타고 가는 길에 할아버지는 농사지을 때 쓰는 비닐에 관해 얘기해 주었어요. 밭에 비닐을 깔고 구멍을 내어 씨를 뿌리기 때문에 비닐이 온 밭을 덮을 만큼 길이도 길고 양도 많다고 했어요.

"자, 여기가 폐비닐 집하장이다."

트랙터가 멈춘 곳은 어제 동규가 비닐 귀신을 본 장소였어요. 할아버지는 폐비닐 집하장이 비닐 쓰레기를 모으는 곳인데, 지붕도 없이 엉성하게 금속 테두리만 있어 비바람이 치면 비닐이 날린다고 했어요. 가까이 다가가 보니 정말로 길쭉한 검은 비닐이 켜켜이 쌓여 있었어요. 불쾌한 냄새가 훅 코를 찔렀어요.

"으윽, 쓰레기 냄새. 언제 적 쓰레기예요?"

"제때 수거가 안 되면 이렇게 악취가 나니, 원."

길가에도 비닐 뭉치가 떨어져 있었어요. 흙먼지가 가득 묻은 아주 더러운 모습이었어요. 누군가 아무렇게나 버리고 간 비닐이었어요.

동규는 시골 마을은 쓰레기가 별로 없는 깨끗한 곳인 줄 알았는데, 쓰레기가 많아서 놀라웠어요. 할아버지 더덕밭에 도착하자 검은 비닐을 다시 만났어요.

넓은 밭에는 길쭉한 비닐이 줄지어 땅에 묻혀 있었어요. 동규는 어차피 쓰레기가 될 비닐을 왜 땅에 깔아 놓는지 궁금했지요.

"할아버지, 꼭 이렇게 비닐로 흙을 덮어야 해요?"

"비닐로 잡초가 자라는 걸 막아야 제초제 같은 농약을 덜 쓰거든."

할아버지는 또 갑자기 날씨가 변할 때도 흙이 적절한 온도와 습도를 유지하는 데 비닐이 도움이 된다고 했어요. 그래서 어쩔 수 없이 사용한다고요.

문제는 사용한 뒤에 걷어 내고 버리는 일이었어요. 일손이 부족하면 제대로 걷지 못해 그대로 땅에 두기도 하고, 또 누군가는 아무 데나 버리기도 해서 비닐 쓰레기는 농가의 큰 골칫거리였지요.

비닐 쓰레기를 에너지로

할아버지가 비닐의 양 끝을 잡고 걷어 올리자 흙이 밑으로 후두두 떨어졌어요. 뿌연 흙먼지가 일자 동규가 콜록대며 고개를 돌렸어요.

그때 자원봉사 조끼를 입은 네 사람이 더덕밭을 향해 걸어왔어요.

"안녕하세요. 어르신, 밭에 비닐 쓰레기가 있나요?"

"여기 지천으로 깔렸소."

"저희가 비닐 버리는 일을 좀 도와 드리려고 왔어요."

"아이고, 고맙습니다."

네 사람은 강원도와 횡성군 공무원들이라고 했어요. 누구보다 이들이 반가운 사람은 동규였어요. 벌써 지친 동규는 도와주는 사람도 있으니 조금 쉬기로 했어요. 공무원들은 비닐 쓰레기를 돌돌 말며 서로 이야기했어요.

"시설이 곧 완공되면 폐비닐도 정리되고 마을이 깨끗해지겠지요?"

"아마도요. 드디어 비닐 쓰레기가 석유가 되나요?"

동규는 공무원들의 이야기에 정신이 번쩍 들었어요.

"네? 석유요? 비닐 쓰레기가요?"

"그렇단다. 처치 곤란한 쓰레기로 에너지를 만들다니, 신기하지?"

그 말을 들은 할아버지가 대뜸 성을 냈어요.

"소각장을 말하는 거요? 비닐을 태우면 그 연기는 다 어쩌려고! 하늘에 쓰레기를 버리는 셈이지. 쯧쯧."

동규도 쓰레기 소각장은 환경 문제로 지역에서 꺼리는 시설이라고 들은 적이 있었어요.

하지만 공무원들은 다른 이야기를 했어요.

"아니요. 어르신, 이건 열분해라는 신기술을 이용해 환경부에서 만드는 시설이에요. 비닐을 태우지 않고 아주 뜨거운 온도에서 액체나 기체로 분리하는데, 탄소 배출도 줄이면서 에너지를 만든대요."

동규는 눈을 반짝이며 이야기에 집중했어요. 과학 시간에 배운 태양광, 풍력 에너지가 떠올랐어요. 폐기물로 에너지를 만든다고 배운 적도 있어요.

동규는 벌떡 일어나 할아버지에게 말했어요.

"할아버지, 신재생 에너지를 만드나 봐요!"

공무원들은 횡성군 농가에서 한 해 동안 나오는 비닐 쓰레기가 무려

5톤 트럭 700대에 달하는 양이라고 말했어요. 횡성군이 환경부의 시범 마을로 선정되어 앞으로 농가의 폐비닐이 모두 에너지로 바뀔 수 있다고도 했어요.

동규는 호미를 집어 들며 말했어요.

"할아버지, 저는 지금부터 비닐이 아니라 석유 자원을 캐내는 겁니다."

"아니, 갑자기 우리 동규가 농부가 아니라 광부가 돼 버렸네."

비닐 걷는 일은 공무원들과 함께한 덕분에 한 시간도 안 걸렸어요. 도와준 분들에게 감사하다고 인사한 후 집으로 가는 길이었어요. 갑자기 할아버지가 트랙터를 세웠어요. 길바닥에 아까 밭에 가다가 본 폐비닐 뭉치가 있었어요. 할아버지는 비닐 쓰레기 뭉치를 트랙터 뒤에 싣고 폐비닐 집하장으로 향했어요.

"할아버지, 비닐은 플라스틱 종류래요. 그리고 분리배출을 잘해야 재활용이 된대요."

"암, 그렇고말고. 우리 동규가 환경에 아주 관심이 많구나. 우리 손주 덕분에 마을이 아주 깨끗해지겠어."

아침에 할아버지 밭으로 가면서 동규는 언젠가는 이 마을에도 비닐 쓰레기가 산처럼 쌓이지 않을까 하고 걱정했어요. 우리나라에도 쓰레기가 모여 산처럼 된 곳이 많다는 뉴스를 본 적이 있었거든요. 하지만 이제 걱정거리가 사라졌어요.

"할아버지, 신기하지 않아요? 쓰레기가 에너지가 되는 거 말이에요."

"동규야. 옛날에 잡초인 줄 알고 뽑아 버렸는데, 알고 보니 약초인 것들이 있었어. 지금 보니 비닐 쓰레기가 그렇구나."

"그렇네요. 쓰레기는 골칫거리지만 자원으로 바꾸면 이로워지니까요."

동규는 내년 방학에는 마을이 어떻게 변해 있을지 무척 기대됐어요.

 **쓰레기를 뒤져라! 에너지를 찾아라!**

폐기물 에너지
우리가 생활하면서 배출하는 쓰레기, 못 쓰게 된 제품 등을 재활용해 만드는 에너지예요. 폐기물을 열분해, 소각 등의 과정을 거쳐 석유, 가스, 고형 연료로 만들지요.

농가의 폐비닐을 에너지로 바꾸는 강원도 횡성

농사를 짓는 데 사용하고 버린 비닐을 '영농 폐비닐'이라고 해요. 우리나라에서는 연간 약 32만 톤 정도가 발생하지요. 이 중 12만 톤은 수거되지 못한 채 밭에 방치되거나 불법으로 소각되고 있어요. 제때 땅에서 비닐을 걷어 내지 않아 농작물이 제대로 자라지 못하기도 하고, 아무렇게나 버린 비닐 쓰레기 때문에 산불이 나기도 하지요.

또 농가에서 사용한 비닐에는 흙과 농약이 많이 묻어 있어 재활용이 쉽지 않아요. 영농 폐비닐을 재활용해 친환경 비닐을 만드는 노력이 있었지만, 농가에서 버린 비닐양은 줄어들지 않고 있어요.

농사를 지을 때도 비닐을 사용해요.

그런데 전국 농가들의 골칫거리인 영농 폐비닐로 에너지를 만드는 시범 시설이 생겼어요. 2024년에 완공되는 강원도 횡성의 폐기물 공공 열분해 시설은 폐비닐로 석유를 만들어 연간 3,000여 톤의 에너지를 생산할 예정이에요. 이곳에서 사용하는 열분해 기술은 플라스틱이나 비닐을 그냥 태우는 방법이 아니에요. 산소가 없는 상태에서 높은 열로 플라스틱을 이루는 고분자를 분해해요. 이 과정을 거치면 액체 상태의 기름이 나오지요. 그냥 태울 때보다 유해 물질이 적어 친환경 소각 기술이라고도 불러요.

유해 물질 없이 폐비닐로 석유를 만들어요

우리가 버린 라면 봉지, 과자 봉지로 석유(열분해유)를 만들 수 있어요. 물론 기존에도 비닐과 플라스틱으로 석유를 만들었어요. 하지만 도시유전이라는 우리나라 기업이 개발한 기술은 비닐, 플라스틱 쓰레기를 연료로 바꾸는 과정에서 유해 물질이 나오지 않아 세계를 놀라게 했어요.

기존에 쓰던 방식은 400~500도 이상의 고온에서 쓰레기를 처리했기 때문에, 매연과 다이옥신 등의 유해 물질이 나왔어요. 그런데 도시유전이 개발한 기술은 쓰레기를 270도까지만 가열해 유해 물질이 나오지 않아요. 연기가 빠져나오는 굴뚝도 필요 없지요.

폐비닐과 폐플라스틱으로 만든 석유

좀 더 자세히 알아볼까요? 먼저 세라믹 촉매가 비닐과 플라스틱을 12시간 동안 분해해 1차로 액체 기름을 만들어 내요. 이 기름에는 여러 가지 불순물과 성분이 섞여 있어요. 1차 액체 기름을 수분과 기름으로 분리하고 금속 성분과 유황 등을 걸러 내면, 우리가 사용하는 석유가 돼요. 약 6톤의 비닐, 플라스틱 쓰레기로 석유 6,000리터를 만들 수 있지요. 이렇게 만든 석유는 다시 플라스틱을 만드는 원료로 사용하거나 선박용 연료와 등유 등으로 사용할 수 있어요. 또한 우리나라에서는 2025년에 사용이 종료되는 수도권 매립지에 도시유전의 기술을 시범적으로 설치하고 있어요.

해양 플라스틱 쓰레기로 전기를 만드는 배

프랑스 요트 선수였던 이방 부르뇽은 전 세계를 다니며 요트 경주를 했어요. 그러다 바다에 있는 플라스틱 쓰레기의 심각성을 피부로 느꼈지요. 부르뇽은 바다에 버려진 플라스틱을 수거해 전기 에너지로 바꾸는 선박 '만타호'를 개발했어요. 만타호는 시간당 1~3톤의 쓰레기를 수거할 수 있어요. 그중 플라스틱 쓰레기는 분쇄와 열분해 시스템을 거쳐 전기와 가스로 바뀌는데, 프로펠러와 내비게이션 등 선박의 장비를 움직이는 데에 사용되지요.

현재 시범적으로 운영하고 있는 만타호는 2024년부터 동남아시아를 시작으로 아프리카, 남아메리카를 거쳐 전 세계를 누비며 바다를 청소할 예정이라고 해요.

버려진 플라스틱에서 수소를 뽑아내요

해마다 엄청난 양의 플라스틱 쓰레기가 생겨나요.

2019년 우리나라에서 한 해 동안 버려진 플라스틱은 993만 톤이나 돼요. 폐플라스틱의 35퍼센트 이상은 매립되거나 소각되어 환경을 오염시키지요.

그런데 폐플라스틱으로 수소를 만들 수 있어요. 폐플라스틱을 산소가 없는 상태에서 가열하면 열분해유가 나오는데, 이것을 산소와 함께 1,400도의 높은 온도에서 압력을 가하면 수소와 일산화 탄소가 만들어지지요. 여기에 다시 정제 과정을 거치면 에탄올, 디젤 연료가 되고, 일산화 탄소에 수증기를 가하면 수소로 바뀌어요.

폐플라스틱 17톤으로 수소 2톤을 만들 수 있어요. 수소차 280여 대를 충전할 수 있는 양이지요.

왜 플라스틱 쓰레기로 에너지를 만들까요?

에너지 TALK파원

플라스틱으로 에너지를 만드는 일이 왜 중요할까요?

우리나라의 1인당 플라스틱 쓰레기 배출량은 미국과 영국에 이어 세계 3위예요(비닐은 플라스틱의 한 종류예요). 게다가 분리배출된 플라스틱은 사실 40퍼센트만 재활용되고 있어요. 나머지는 소각되면서 이산화 탄소를 발생시키거나 땅속에 매립되어 유해 가스를 뿜어내지요. 우리나라의 쓰레기 매립지는 현재 포화 상태예요. 플라스틱 쓰레기를 수입하던 중국이 2018년에, 필리핀이 2019년에 수입을 중단하면서 쓰레기 문제가 더욱 심각해졌지요. 현재 우리나라 곳곳에서 200여 개의 플라스틱 쓰레기 산이 환경을 위협하고 있어요.

또한 바다에 흘러 들어간 플라스틱 쓰레기는 미세 플라스틱이 되어 해양 생태계를 파괴하고 우리의 식탁을 위협하고 있어요. 플라스틱 쓰레기를 에너지로 바꾸는 일은 플라스틱 쓰레기를 줄이기 위해 꼭 필요하지요.

우리는 얼마나 많은 비닐을 사용하고 버릴까요?

2017년 기준으로 우리나라에서 사용하는 비닐은 연간 약 235억 장으로, 한반도 면적의 70퍼센트를 뒤덮을 수 있는 양이에요. 한 해 동안 한 사람이 사용하는 비닐은 약 420장인데, 핀란드와 비교하면 100배가 넘는 양이에요. 그만큼 버리는 양도 많겠지요. 그렇다면 폐비닐은 모두 재활용되고 있을까요? 종량제 봉투에 넣어 버린 폐비닐이 서울에서만 연간 25만 톤으로, 약 375억 원어치나 된다고 해요. 분리배출만 잘해도 재활용할 수 있는데 말이지요. 분리배출한 비닐은 폐기물 고형 연료, 재활용품, 열분해유로 활용돼요. 폐기물 고형 연료는 석탄 대신 발전소의 연료로 사용해요.

2장
냄새나는 똥이 에너지가 된다고?

개똥 줍는
이상한 아저씨

그 공원은 싫어

산드라는 토니와 산책 나갈 준비를 했어요. 문을 열기 전에 배변 봉투를 챙겼는지 다시 한번 가방을 열어 확인했어요.

"좋아. 토니야, 나가자!"

산드라의 말에 토니는 멍 하고 크게 한 번 짖더니 목줄을 잡아당겼어요. 산드라는 목줄에 이끌려 집을 나섰지요.

토니는 신이 났는지 살랑살랑 꼬리를 흔들며 걸었어요. 토니의 귀여운 뒷모습에 산드라도 신이 났어요. 산드라는 흥얼거리며 토니가 가자는 대로 졸졸 따라 걸었지요. 산책할 때만큼은 토니가 주인 같았어요.

그렇게 토니를 따라가다 보니 어느새 월드파크 앞까지 왔어요.

"여긴 싫은데."

산드라가 월드파크를 꺼리는 이유는 바로 개똥 때문이에요. 동네에 반려견들이 뛰어다니며 산책할 수 있는 곳은 월드파크 딱 한 군데뿐이에요. 그런데 언제부턴가 사람들이 반려견이 싼 똥을 제대로 치우지 않아 공원이 너무 더러워졌어요. 게다가 가로등도 몇 개 없어서 늦은 시간에 가면 무서울 때도 있었어요. 특히 흐린 날에는 더욱 으스스하게 느껴지곤 했지요.

하지만 산드라의 마음을 토니가 알 리 없었어요. 토니는 목줄을 당기며 앞장서 월드파크로 들어갔어요. 공원에 들어서자 콧속으로 익숙한 냄새가 훅 들어왔어요. 산드라는 손가락으로 재빨리 코를 막았어요.

"아! 이 똥 냄새가 싫다고."

그사이 킁킁거리던 토니가 힘을 잔뜩 주더니 똥을 두 덩이 누었어요. 똥 냄새가 더 진하게 풍겨 왔어요.

산드라가 가방에서 배변 봉투를 꺼내 토니의 똥을 막 집으려던 참이었어요. 누군가가 다가와 말을 걸었어요.

"그 똥 나한테 줄래?"

산드라는 깜짝 놀라 고개를 들었어요. 모자를 푹 눌러 쓴 처음 보는 아저씨였어요. 아저씨 손에는 집게와 커다란 봉투가 들려 있었어요. 산드라가 얼떨결에 대답했어요.

"네, 가져가세요."

"고맙구나."

아저씨는 토니의 똥을 자신의 봉투에 담더니 바닥에서 돈이라도 찾는 것처럼 기웃거렸어요.

"개똥을 더 모아야 할 텐데……."

이상한 아저씨였어요. 산드라는 궁금함을 참지 못하고 물었어요.

"근데 더러운 개똥을 왜 모으세요? 청소하시는 거예요?"

"내일 초저녁에 공원에 와 보렴. 똥으로 공원을 밝게 만들 거란다. 저기 고장 난 가로등 보이지? 저기로 오렴. 아, 그리고 혹시 네 강아지가 똥을 누면 그 똥도 챙겨 오면 좋겠구나."

이상한 아저씨는 씩 하고 웃어 보이더니 다시 잔디를 집게로 뒤지며 열심히 똥을 찾았어요.

개똥으로 무슨 일이

다음 날, 산드라는 학교에서 돌아와 부랴부랴 숙제를 끝내고 토니와 산책 나갈 준비를 했어요.

"토니야, 준비됐지? 나가자!"

토니는 꼬리를 살랑살랑 흔들며 따라나섰지요. 월드파크까지 가는 길, 산드라 머릿속에는 이상한 아저씨의 말이 계속 떠올랐어요.

'똥으로 공원을 밝게 만든다고?'

어느새 깨끗하고 밝은 월드파크에서 즐겁게 산책하는 토니와 자신의 모습이 그려졌어요. 그런 상상을 하니 산드라는 이상한 아저씨의 말이 정말 믿고 싶어졌어요. 하지만 아무리 생각해도 어떻게 그게 가능한지

도무지 알 수 없었지요.

산드라는 반신반의하며 공원에 들어섰어요. 토니는 여느 때처럼 킁킁대더니 똥을 누었어요. 똥을 배변 봉투에 집어넣고 고장 난 가로등이 있는 쪽을 바라봤어요. 정말 그 이상한 아저씨가 서 있었어요. 그런데 그곳에는 아저씨만 있는 게 아니었어요. 아저씨 옆에는 세탁기처럼 생긴 기계가 서 있었고 사람들이 주위를 에워싸고 있었어요. 산드라는 무슨 일인지 무척 궁금했어요.

산드라는 토니와 함께 가로등 쪽으로 다가갔어요. 그리고 배변 봉투를 든 아주머니에게 물었어요.

"지금 뭘 하는 건가요?"

"글쎄, 개똥으로 전기 에너지를 만든다고 그러네."

어제 본 이상한 아저씨는 마치 마술사처럼 사람들 앞에 서 있었어요. 산드라를 발견한 아저씨가 아는 척을 했어요.

"왔구나. 자, 이리 와서 보렴."

산드라가 바로 앞까지 다가가 멀뚱멀뚱 아저씨를 바라보자 아저씨가 말했어요.

"여기에 개똥을 넣으면 돼."

사람들이 일제히 산드라를 쳐다봤어요. 갑자기 마술 쇼의 모델이 된 기분이 들었어요. 산드라는 아저씨가 시키는 대로 세탁기 같은 커다란 통에 개똥이 든 배변 봉투를 넣었어요.

아저씨는 산드라에게 잘했다며 눈을 찡긋하더니 손잡이를 돌리기 시작했어요.

"여러분, 잠시 후면 꺼진 가로등에 전기가 들어올 겁니다. 똥이 에너지로 변신하는 거죠."

아저씨의 말이 끝나자 주변이 조용해졌어요. 모두 고개를 들어 가로등을 뚫어지게 바라봤지요. 드디어 가로등에 불이 들어왔어요.

"와! 신기하다."

"정말 불이 켜졌어!"

사람들의 입에서 탄성이 나왔어요. 산드라는 눈이 휘둥그레진 것도 모자라 입까지 벌어졌어요. 아저씨는 내일 똥으로 전기를 만드는 기계가 공원에 몇 대 더 설치된다고 했어요.

산드라는 냄새나는 똥으로 우리 생활에 필요한 에너지를 만들 수 있다는 사실이 너무 신기했어요. 게다가 앞으로 공원이 깨끗해지고 무섭지도 않을 걸 생각하니 기분이 좋았어요. 그리고 몹시 궁금해졌어요.

'도대체 냄새나는 똥이 어떻게 에너지가 되는 걸까?' 하고 말이죠.

쓰레기를 뒤져라! 에너지를 찾아라!

바이오 에너지

식물, 해조류, 음식물 쓰레기, 가축 똥 같은 유기성 폐기물로 만드는 에너지예요. 석유, 석탄 등의 화석 연료와 비교해 유해 물질이 적게 나오는 친환경 에너지이지요. 바이오 알코올, 바이오가스, 바이오디젤이 대표적이에요.

개똥으로 에너지를 만든 공원

2018년 영국 우스터셔주의 말번 힐에서는 특별한 개똥 수거함이 만들어졌어요. 이곳 주민인 브라이언 하퍼가 국립 공원의 지원을 받아 개똥으로 전기를 만드는 장치를 공원 가로등 아래에 설치했어요. 이 장치에 개똥 10봉지만 넣으면 2시간 동안 가로등을 밝힐 수 있지요.

장치의 원리가 궁금하다고요? 먼저 개똥을 미생물이 있는 특수 봉투에 담아요. 장치에 봉투를 집어넣고 손잡이를 돌려 똥을 잘게 부숴요. 시간이 지나면 산소가 없는 통 안에서 미생물이 똥을 분해하면서 메탄가스가 만들어져요. 메탄가스는 가로등 안에 설치된 관을 타고 올라가 불을 켜지요.

2017년 캐나다 온타리오주의 워털루시는 공원 3곳에 개똥 수거함을 설치했어요. 그리고 이 수거함에 모인 개똥을 정기적으로 메탄 생산 공장에 보냈어요. 워털루시는 개똥으로 만든 메탄가스로 전기를 생산해 각 가정에 제공하고 있어요.

사람의 배설물로 달리는 바이오 버스

영국 브리스톨에는 시내와 공항을 오가는 특별한 버스가 있어요. 바로 인분(대변)을 의미하는 '푸(poo)'라는 이름의 버스예요. 40명을 태울 수 있는 푸 버스는 지역 사람들의 배설물로 움직여요. 브리스톨 하수처리장에 모인 배설물로 메탄가스를 만들어 버스 연료로 사용하거든요.

대변으로 만든 메탄가스를 연료로 사용하는 버스 ⓒIan S

주민 다섯 명이 일 년 동안 배출한 배설물로 메탄가스를 만들면 버스 지붕에 설치된 가스탱크를 가득 채울 수 있어요. 이렇게 메탄가스를 한 번 채우면 최대 300킬로미터를 주행할 수 있어요.

무엇보다 푸 버스는 석유 연료 버스에 비해 배기가스는 92퍼센트, 이산화 탄소는 30퍼센트 적게 나와 친환경적이지요.

가축 배설물로 전기를 만드는 독일 윤데 마을

윤데 마을의 바이오가스 생산 시설 ⓒAxel Hindemith

독일 니더작센주에 위치한 윤데 마을은 독일의 대표적인 에너지 자립 마을이에요. 750여 명이 거주하는 작은 마을이지만 가축 배설물과 농업 부산물로 에너지를 직접 만들어요. 마을에 있는 '가축 분뇨 에너지화 시설'에서 한 해 동안 전기는 500만 킬로와트시, 열에너지는 400만 킬로와트시를 생산해요. 생산된 전기와 열에너지는 마을에서 사용하고, 남은 에너지는 전력 회사에 팔아서 마을의 소득원으로 삼고 있어요. 또한 에너지를 생산하고 남은 찌꺼기는 고품질의 친환경 비료가 되는데, 마을 농지에 이 비료를 뿌려 친환경 농업을 한답니다.

"가축의 분뇨와 방귀에서 나오는 메탄가스는 온실가스의 주범이지만, 에너지를 만드는 바이오가스가 되기도 해."

코끼리 똥으로 동물원에 전기를 공급해요

독일의 뮌헨 동물원은 코끼리 똥으로 전기를 만들어요. 코끼리 한 마리는 하루 평균 100킬로그램의 먹이를 먹고 연간 2,000톤에 이르는 배설물을 쏟아 내요. 뮌헨 동물원은 엄청난 양의 코끼리 배설물을 처리하느라 애를 먹다가 이를 에너지로 만들었어요.

먼저 코끼리 배설물을 산소가 없는 커다란 저장고에 한 달 동안 둬요. 배설물이 분해되면서 메탄과 이산화 탄소로 이루어진 바이오가스가 만들어져요. 바이오가스는 천장으로 올라가 저장고 지붕과 연결된 큰 풍선에 모이고, 엔진을 거쳐 전기 에너지가 돼요. 매년 이렇게 만들어진 전기는 동물원 우리를 데우는 데 사용되고 있어요.

소변으로 만든 미생물 연료 전지

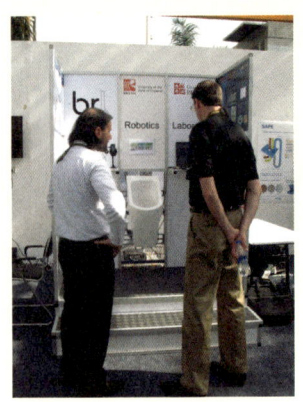

소변으로 조명을 밝히는 화장실
ⓒSuSanA Secretariat

미생물 연료 전지는 미생물을 이용해 소변을 분해하고, 이때 발생하는 화학 에너지를 전기 에너지로 바꾸는 장치예요. 원형 기둥 안에 미생물을 겹겹이 쌓아 놓고 소변을 통과시키면, 소변의 성분들이 분해되지요. 그 과정에서 전기 에너지가 만들어져요. 소변 연료 전지는 에너지 효율이 아주 뛰어나요. 적은 에너지를 사용해 큰 에너지를 만든다는 뜻이에요. 바이오가스의 에너지 효율이 35퍼센트인데 비해 미생물 연료 전지는 무려 85퍼센트에 이르지요.

2015년 영국 웨스트잉글랜드 대학 연구진은 소변 연료 전지로 조명을 밝히는 화장실을 만들었어요. 바로 소변 발전 화장실이에요. 미생물 연료 전지 한 개를 만드는 데 드는 비용은 약 1700원에 불과해요. 국제 구호 단체인 옥스팜의 요청으로 개발된 소변 발전 화장실은 전기 공급이 어려운 난민 캠프와 기반 시설이 부족한 지역에 보급되고 있어요.

배설물을 처리하는 데에 막대한 비용이 들어요

인류는 수세식 화장실을 사용하면서부터 배설물 처리에 막대한 양의 물을 사용하고 있어요. 또 배설물이 섞인 물을 다시 사용할 수 있는 물로 정화하기 위해 엄청난 비용을 지출하고 있지요. 전 세계 70억 명의 사람들이 한 해 동안 배출하는 대변을 에너지로 만들면 그 가치는 최대 10조 원에 달해요.

또 배설물 에너지는 사람이 사는 동안 계속 생산할 수 있어서 언제든 얻을 수 있는 자원이에요. 더 이상 배설물이 비싼 비용을 들여 처리할 쓰레기가 아닌 셈이지요.

환경 오염을 막아요

가축 분뇨를 바다에 버리는 해양 투기는 우리나라에서 골칫거리였어요. 지금은 우리나라에서도 법으로 금지되어 있지만, 2012년까지만 해도 오이시디(OECD, 국제 경제 협력 기구) 회원국 가운데 유일하게 가축 분뇨를 바다에 버리는 나라였거든요. 이는 모두 돼지 똥오줌으로 하루에 2,000톤가량을 바다에 버렸어요.

바다로 흘러간 배설물은 해양 환경에 문제를 일으켜요. 배설물에 남은 영양분이 물고기에 해로운 조류를 번식시키거나 해안가의 산호초를 질식하게 만들어요. 바이오가스로 만드는 기술 덕분에 오랫동안 골칫거리였던 가축 분뇨가 이제는 귀한 자원이 되고 있으니 참 다행이지요.

3장 눈 쓰레기로 에너지를 만든다고?

하얀 쓰레기의 변신

버려지는 눈

미오는 무릎까지 올라오는 부츠를 신고 삽을 들었어요. 부모님을 도와 비닐하우스 주변에 쌓인 눈을 치우기 위해서였어요.

미오는 세계에서 가장 눈이 많이 내리는 곳 중 하나인 홋카이도 비바이시에 살아요. 12월부터 3월까지 매일 눈이 내리는데 많을 때는 하루에 1미터씩 쌓이기도 하지요. 이날도 밤새 내린 눈 때문에 마을 절반은 눈 속에 파묻힌 상태였어요.

"아빠, 비닐하우스 지붕에 눈이 너무 많이 쌓였어요."

"지붕부터 얼른 치워야겠다."

지붕에 쌓인 눈은 위험했어요. 미오가 여섯 살쯤이었어요. 비닐하우스에서 버섯을 따는 부모님 곁에 있었는데, 우두둑 찌지직 하는 소리가 나더니 지붕 한쪽이 내려앉았어요. 다행히 가족 모두 다치지는 않았지만 미오는 급하게 밖으로 나오다 넘어진 기억이 생생했어요. 그

후 비닐하우스는 튼튼하게 고쳤지만, 지붕에 눈이 쌓이면 다시 무너질까 봐 늘 마음을 졸였어요.

아빠가 지붕 위로 사다리를 타고 올라가 눈덩이를 아래로 쓸어내렸어요.

"미오야, 조심해!"

눈덩이들이 바닥으로 철퍼덕하고 떨어지며 부서졌어요. 미오는 삽으로 눈을 퍼서 멀리 휙 던졌어요.

"아빠, 전 눈 쓰레기가 정말 싫어요. 쓸모도 없고."

"그러게. 누가 눈 좀 다 가져가면 좋겠다. 오늘따라 제설차는 왜 안 오지?"

미오네는 눈을 퍼서 최대한 비닐하우스에서 멀리 내다 버리려 애썼어요. 그리고 눈을 퍼다 나르는 일을 수도 없이 반복했어요. 한 시간이 지나자 삽을 쥔 미오의 팔이 부들부들 떨렸어요.

"휴, 저 조금만 쉴게요."

"그래. 미오야, 좀 쉬렴."

미오는 바닥에 철퍼덕 주저앉아 주변을 둘러봤어요. 마을 사람들은 다들 눈을 치우느라 바빴어요. 그런데 길 건너에 있는 검은색 건물 앞에서 이상한 광경이 보였어요.

작업복을 입은 사람들이 건물 가까이에 눈을 모으고 있었어요. 거기에다 트럭 여러 대가 눈을 싣고 와 한곳에 산처럼 높게 쌓아 올렸어요.

미오는 그 모습이 신기해서 말했어요.

"아빠, 저 사람들 좀 봐요. 눈을 버리는 게 아니라 모으고 있어요."

아빠도 한참 관찰하더니 말했어요.

"정말 그렇네. 눈을 어디에 쓰기라도 할 것처럼 말이지. 저곳은 데이터 센터인데 눈이 왜 필요할까?"

"데이터 센터요?"

"응. 이메일이나 휴대폰을 사용할 때 데이터라는 것이 오고 가는데 그 데이터를 한꺼번에 관리하는 곳이야."

"궁금해요. 가 볼래요."

아빠는 말렸지만 미오는 아빠 손을 끌고 데이터 센터로 향했어요.

눈 쓰레기로 데이터를 식혀요

미오는 수레에 눈을 한가득 싣고 데이터 센터로 가는 한 아저씨에게 다가갔어요.

"아저씨, 그 눈을 왜 가져가세요?"

"에너지로 쓰려고 모으는 중이야."

"네? 에너지요?"

버려진 눈을 모아 에너지로 쓴다는 말에 미오는 머리가 꽁 얼어붙는 것 같았어요.

"아니, 그게 어떻게 가능한가요?"

이번에는 아빠가 물었어요.

"여기 높이 쌓아 둔 눈 보이지요? 이게 다 자원입니다."

아저씨는 건물 옆에 산처럼 쌓아 놓은 눈을 가리키며 말했어요.

"이 눈은 뜨거운 데이터 장비들을 식혀 주는 역할을 할 겁니다. 데이터 센터의 장비는 24시간 열을 내뿜거든요. 장비의 온도를 낮추기 위해 늘 엄청난 양의 전기 에너지를 사용했는데, 이제 버려진 눈을 활용하기로 했어요."

미오는 아저씨의 말을 도통 이해할 수 없었어요. 도대체 눈을 어떻게 활용하는지 궁금했어요. 미오의 표정을 읽은 아저씨는 견학을 할 수 있다며 건물 안으로 안내했어요.

아저씨는 데이터 센터의 에너지 연구원이라고 했어요. 건물 안에는 납작한 기계들이 가득 서 있고 천장에는 파란색 파이프가 여러 개 보였어요.

"눈에서 나온 냉기가 저 파이프를 타고 들어와 이곳의 열을 식혀요. 이렇게 눈을 이용하면 일 년 내내 전기를 사용하지 않아도 된답니다."

그 말을 들은 미오는 비닐하우스가 생각났어요.

"아빠, 우리도 눈을 이용하면 어때요? 여름에 비닐하우스 냉방을 눈으로 하는 거예요."

"그러려면 이런 장비가 필요하잖니."

미오는 여름까지 눈이 녹지 않으면 가능할 텐데 하고 아쉬워했어요. 그때 연구원 아저씨가 말했어요.

"좋은 방법이 있어요. 이곳에서 냉방을 하는 동안 데워지는 열이 있어요. 그 열을 비닐하우스로 보내면 겨울철에 난방으로 활용할 수 있겠네요."

"그게 정말 가능해요?"

미오는 믿기 힘들다는 표정으로 물었어요. 그러자 연구원 아저씨는 데이터 센터 한쪽에 마련된 유리온실을 보여 주었어요. 그곳에서는 정말 데이터 센터의 따뜻한 열을 이용해 버섯과 채소를 키우고 있었어요.

"저희가 시범적으로 키우는 작물입니다. 저희가 비바이시의 눈을 자원으로 이용하니, 이곳 농가에 도움이 될 만한 일을 연구하고 있어요."

"정말 그렇게 되면 좋겠어요."

미오는 데이터 센터를 나오며 생각했어요. 비바이시에는 미오네처럼 버섯, 콩, 채소를 기르는 비닐하우스뿐 아니라 곡식을 보관하는 창고, 물고기를 기르는 양식장 등 에너지가 필요한 곳이 많거든요. 어쩌면 쓸모없게 여긴 눈이 큰 도움이 될지도 모른다는 생각이 들었어요.

미오는 비닐하우스 앞에 쌓인 눈 더미를 삽으로 크게 퍼 올렸어요. 지금껏 자연이 버린 귀찮은 존재라고 생각했던 눈이 달리 보였어요.

쓰레기를 뒤져라! 에너지를 찾아라!

설빙 에너지

설빙은 부분적으로 녹은 눈이 눌려서 단단해지거나 눈이 언 상태를 뜻하지만 눈과 얼음을 합쳐서 설빙이라고 말하기도 해요. 설빙 에너지는 눈이 기체와 액체, 또는 액체와 고체로 변화할 때 발생하는 열을 활용하는 에너지예요.

쌓인 눈으로 데이터를 식혀요

데이터 센터의 장비들은 많은 열을 내뿜어요. ⓒRobert Scoble

우리가 이메일과 인터넷, 휴대폰을 사용할 때 많은 데이터가 오가요. 그 데이터들을 저장하고 처리하는 심장과도 같은 곳이 데이터 센터이지요. 아이티(IT) 산업이 나날이 발달하면서 데이터 센터는 점점 커지고 있어요. 데이터를 저장하는 장비는 24시간 작동하면서 엄청난 열을 내뿜는데, 이 열을 식히는 데 막대한 전기 에너지가 쓰이지요. 이 문제를 자연에서 나온 쓰레기로 해결한 곳이 있어요.

바로 2021년 홋카이도 비바이시에 만들어진 화이트 데이터 센터이지요. 이 지역은 엄청나게 내리는 눈 때문에 집이 무너지는 등 사고가 끊이질 않아 눈이 큰 골칫거리였어요. 해마다 눈을 치우는 데만 5억 엔이 사용됐지요. 게다가 인구까지 점점 줄어들어서 이곳 주민들은 눈을 치우는 일이 큰 부담이었어요.

그런 상황에서 데이터 장비를 식히는 에너지로 눈을 사용하는 화이트 데이터 센터가 생겼어요. 게다가 장비를 식히는 과정에서 발생한 열을 주민들의 농산물 재배와 해산물 양식에 제공해 큰 도움을 주었지요. 비바이시에서는 한때 석탄을 검은 다이아몬드라고 불렀어요. 그런데 지금은 눈을 하얀 다이아몬드라고 부른답니다.

"마이크로소프트는 데이터 센터를 잠수함 모양으로 만들어 온도가 낮은 해저에 설치했어. 스웨덴 룰레아에 있는 페이스북(메타)의 데이터 센터는 서버를 식히는 데 찬 북극 바람을 사용하고 있지. 우리나라 세종시에 있는 네이버의 데이터 센터는 빗물과 폐열, 바람 등 친환경 에너지를 활용하고 있어."

눈으로 만드는 설빙 에너지

삿포로 눈 축제의 눈 조각상 ⓒOminae

설빙 에너지를 가장 잘 활용하는 곳은 일본 북해도에 있는 삿포로시에요. 이곳은 연간 적설량이 6미터에 이를 만큼 많은 눈이 내려요. 삿포로시에서는 매년 눈 축제가 열리는데, 10미터가 넘는 거대한 눈 조각상을 포함해 200여 개의 눈과 얼음 조각상들이 축제를 빛내지요.

삿포로시는 축제가 끝나면 눈과 얼음 조각상들을 그냥 버리지 않아요. 덤프트럭에 실어 도심에 설치된 설빙 에너지 시설로 옮겨요. 도시 곳곳에 쌓인 눈과 함께 말이지요. 눈은 녹을 때 주변의 열에너지를 흡수하는 특징이 있어요. 설빙 에너지 시설에 모인 눈은 녹으면서 주변 빌딩의 대형 컴퓨터에서 나오는 열을 식히는 천연 냉각기의 역할을 한답니다.

삿포로시의 설빙 에너지 시설은 10톤 트럭 280대만큼의 눈을 하루 만에 물로 만들기 때문에 제설 작업에도 큰 도움이 되지요. 설빙 에너지 시설은 북해도에 68개, 일본 전체에 144개가 있어요.

"일본 신치토세 공항은 공항에 쌓인 눈을 냉방 에너지로 활용하고 있어. 그 덕분에 에너지를 매년 18퍼센트씩 절감하고 있지."

제설한 눈을 활용한 스웨덴의 시립 병원

스웨덴 순스발에 있는 시립 병원은 2000년부터 눈을 이용해 냉방을 하고 있어요. 병원 서쪽에는 눈 처리장이 있는데 시에서는 도로에서 제설한 눈을 모두 이곳에 버렸어요. 눈 처리장에 있는 깊이 7미터의 구덩이 속에 눈을 부어 버리는 방식으로요. 구덩이 주변 도로의 아스팔트가 자연스럽게 단열재 역할을 했고 봄, 여름에는 구덩이 위에 나무 조각을 덮어 눈이 녹지 않게 했어요. 순스발 시립 병원은 이 눈으로 냉방을 해 환자들에게 쾌적한 실내 온도를 제공하고 의료 기기의 열을 식혔어요. 무엇보다 설빙 에너지는 이산화 탄소가 발생하지 않아 환경에 도움이 되지요.

눈을 모아 에너지로 활용할 수 있어요. ©Oto Zapletal

눈을 냉방에 어떻게 이용할까요? 도로에 쌓인 눈을 모아 공조 장치에 넣은 다음 공기를 통과시키면 차가운 공기가 만들어지지요. 그 공기를 내보내 건물 안을 시원하게 만들어요. 공조 장치는 난방, 환기, 냉방으로 실내 환경을 쾌적하게 유지해 주는 시스템을 말해요.

눈 1톤은 약 10리터의 석유와 동등한 에너지 효과를 발휘해요. 게다가 이산화 탄소 발생을 300킬로그램이나 줄일 수 있어요. 만약 승용차가 눈을 연료로 활용한다면 눈 1톤으로 약 184킬로미터를 달릴 수 있는 셈이에요.

쌓인 눈이 환경에 문제가 될까요?

눈 자체는 아니지만, 눈을 치우는 과정에서 환경에 문제가 생겨요. 단시간에 눈을 녹이려고 사용하는 제설제 때문이에요. 제설제가 섞인 눈이 녹아 하천으로 흘러 들어가면 생태계에 나쁜 영향을 줘요. 또 땅에 스며들면 토양을 산성으로 만들어 식물의 성장을 방해해요. 눈을 치우면서 각종 쓰레기가 섞인 눈을 방치하는 일도 많지요. 눈이 오염되어 버려지기 전에 에너지로 만드는 일은 환경에 큰 도움이 돼요.

스키장의 인공 눈도 에너지가 되나요?

지구 온난화로 인해 눈이 내리지 않아 인공 눈으로 스키장을 채우는 일이 세계 곳곳에서 일어나고 있어요. 일 년 내내 스키를 탈 수 있던 안데스산맥의 스키장들도 최근 인공 눈을 만드는 제설기를 사들이고 있어요. 우리나라도 겨울이 따뜻해지면서 강원도의 스키장들이 개장일을 늦추는 일이 생겼어요.

세계적인 겨울철 스포츠 축제인 동계 올림픽에도 위기가 닥쳤어요. 2018년 평창 올림픽은 인공 눈을 90퍼센트, 2022년 베이징 올림픽은 100퍼센트 사용했어요. 인공 눈을 만드는 데는 막대한 비용과 자원이 들어요. 베이징 올림픽에서는 눈을 만드는 데에 2조 원의 비용과 1억 8,500만 리터의 물이 사용됐어요. 이는 1억 명이 마실 수 있는 양이지요. 인공 눈이 그냥 녹아 없어지면 많은 자원이 낭비되는 셈이에요. 아직 인공 눈으로 에너지를 만들고 있지는 않지만, 인공 눈은 자연 눈보다 잠열(어떤 물질이 상태를 바꿀 때에 방출, 흡수되는 열)이 많아 에너지로서의 가치가 높아요.

4장

치킨을 튀기고 난 기름이 에너지가 된다고?

신기한
버스 방귀

먼지가 싫어

창밖은 커튼을 친 듯 뿌옇게 보였어요. 펠릭스가 눈을 한 번 더 비비고 쳐다봤지만, 하늘은 그대로였지요.

식탁에 앉은 펠릭스의 얼굴이 금세 시무룩해졌어요. 엄마가 무슨 말을 꺼낼지 짐작됐거든요. 오늘은 친구들과 중앙 광장에서 놀기로 약속한 날이에요. 그런데 엄마가 학교 수업을 마치면 곧장 집으로 오라고 말할 게 뻔했어요.

"펠릭스, 오늘 집으로 바로 와야 한다. 미세 먼지가 너무 심해."

펠릭스가 입을 툭 내밀며 대꾸했어요.

"우리 동네는 도대체 미세 먼지가 왜 이렇게 심해요?"

"그라츠 지형이 그렇대. 산으로 둘러싸여 있어서 매연 같은 먼지가 생기면 빠져나가질 못하나 봐. 아무튼 오늘 곧장 집으로 오는 거다!"

펠릭스는 토스트 마지막 조각을 입에 구겨 넣으며 개미만 한 소리로 겨우 '네'라고 대답했어요. 학교로 향하는 길에 펠릭스는 친구 마크를 만났어요. 만나자마자 인사도 잊은 채 말을 꺼냈어요.

"오늘 중앙 광장에 못 가게 됐어. 엄마가 미세 먼지가 심하다고 안 된대."

펠릭스의 말을 들은 마크가 대답했어요.

"나도 그래. 엄마가 허락을 안 하셨어."

둘은 밖에서 놀지 못해 못마땅했어요. 괜히 보도블록 위에 떨어진 낙엽들을 발로 휙휙 찼어요. 낙엽이 공기 중에 팔락 날리는 모습이 조금 재미있었어요. 펠릭스와 마크는 한참을 낙엽과 장난치며 걸었지요. 그때 버스 한 대가 쌩하고 지나갔어요. 먼지가 섞인 바람을 타고 낙엽 더미가 정신없이 날아올랐어요. 순간 거칠고 마른 낙엽이 펠릭스의 뺨을 때리고 휙 도망갔어요.

"아야!"

펠릭스와 마크 눈앞에는 버스가 뿜어낸 매연이 보자기처럼 펼쳐졌다 희미하게 사라지고 있었어요. 둘은 손으로 얼굴을 감싸고 한참을 콜록댔지요.

"버스 매연 정말 싫어."

마크는 펠릭스에게 괜찮냐고 묻고 나서 말했어요.

"심각한 미세 먼지가 자동차에서 나오는 매연 탓이라면 자동차 매연을 없애야 하지 않아?"

"그렇지. 자동차를 줄여야 하나?"

"그럼 걸어 다녀야 하잖아. 다른 방법이 없을까?"

잠시 침묵이 흐르더니 마크가 뭔가 떠오른 듯 몸을 돌려 펠릭스에게 말했어요.

"어디선가 본 적이 있는데, 매연이 나오지 않는 자동차 연료가 있대."

그 말을 들은 펠릭스가 말했어요.

"뭔지는 모르겠지만 우리 동네 버스에 넣으면 좋겠다."

펠릭스는 매연이 나오지 않는 자동차가 시내를 돌아다니면 어떨까 잠시 상상해 보았어요.

"미세 먼지가 줄어들면 밖에서 놀 수 있는 날이 많아질 텐데……."

폐식용유를 모아 주세요

털털거리며 집에 돌아온 펠릭스는 현관문 앞에서 기분 좋은 냄새를 맡았어요.

'오, 튀김 냄새다!'

펠릭스는 코를 벌렁거리며 집으로 들어갔어요. 식용유에 튀김이 익어 가는 소리가 기분 좋게 들렸어요. 식탁 위 접시에는 엄마가 갓 튀긴 고소한 튀김이 봉긋하게 쌓여 있었지요.

"펠릭스, 어서 손 씻고 와."

그때 초인종이 울렸어요. 펠릭스가 식탁에 앉아 튀김을 먹는 동안 엄마는 현관에서 누군가와 한참을 얘기했어요. 그리고는 3리터쯤 되는 빈 통을 들고 왔어요.

"무슨 통이에요?"

"폐식용유를 모으래. 버리지 말고 여기에 모아 달라고 그러네."

"쓰고 난 식용유를 어디에 사용하려고요?"

펠릭스는 이해가 되지 않는 듯 빈 통과 프라이팬에 담긴 식용유를 번갈아 쳐다봤어요.

"바이오디젤이라는 연료를 만드는 데 사용하려나 봐. 폐식용유로 만들 수 있는데, 그 연료가 자동차 매연을 줄여 준대."

펠릭스는 마크와 나눈 대화가 떠올랐어요. 매연이 나오지 않는 연료를 동네 버스에 넣으면 좋겠다는 바람이 갑자기 이뤄진 것 같아 얼떨떨했어요. 그리고 눈앞에 있는 식용유가 그 신기한 연료가 된다는 사실도 놀라웠어요.

기분이 좋아진 펠릭스는 폐식용유를 통에 담는 일을 맡겠다고 엄마에게 말했어요.

폐식용유 수거통은 마을 전체에 배분됐어요. 마을 중앙 광장 가로수에는 '프라이팬에서 연료 탱크 속으로!'라고 쓰인 현수막도 걸렸어요. 마을 사람들은 폐식용유 이야기를 자주 했어요. 펠릭스도 학교 가는 길에 마크와 만날 때마다 폐식용유를 얼마만큼 모았는지 서로 묻곤 했지요.

펠릭스는 폐식용유가 궁금해지기 시작했어요.

"마크, 넌 폐식용유가 어떻게 연료가 되는지 알아?"

"그러게. 연료가 되는 줄만 알았지 어떻게 되는지는 정말 모르고 있었네."

"그럼 오늘 선생님께 여쭤보자."

펠릭스는 평소 질문을 잘 하지 않았지만, 오늘은 수업이 끝나자마자 손을 번쩍 들었어요. 선생님은 흐뭇해하며 자세히 설명해 주었어요.

"먼저 폐식용유에 있는 찌꺼기를 걸러 내. 거기에 메탄올과 수산화 나트륨 등의 첨가물을 넣으면 바이오디젤이 만들어진단다. 바이오디젤을 직접 만들어 사용하는 가정도 있어."

조금 복잡해 이해하기 어려웠지만, 펠릭스는 바이오디젤을 가정에서 만들 수도 있다는 사실이 신기했어요.

하지만 몇 주가 지나자 펠릭스는 설레던 마음이 사그라들었어요. 프라이팬에 남은 적은 양의 식용유를 통에 따르는 일도 귀찮아졌어요. 어서 바이오디젤 버스가 다니면 좋겠지만 폐식용유를 모으는 일은 지루하기만 했어요. 일주일에 두세 번씩 수거하는 차가 올 때 폐식용유를 주는 일도 이제 하기 싫었어요.

"펠릭스, 수거 차량에 폐식용유 좀 갖다 주겠니?"

오늘은 폐식용유 수거 차량이 오는 날이에요. 펠릭스는 반쯤 채워진 통을 들고 나갔어요. 수거 차량 아저씨는 환하게 웃으며 펠릭스를 반겼어요. 그리고 좋은 소식을 전해 주었지요.

"오늘 오후부터 폐식용유로 만든 바이오디젤 버스가 다닌다는구나. 너도 타 보렴."

"정말요? 어디에서요?"

"중앙 광장에서 시승식을 한다고 하니 오후에 가 봐라."

기다리던 바이오디젤 버스가 다닌다는 소식에 펠릭스는 신이 났어요. 마치 자신이 바이오디젤을 만든 기분이었어요.

펠릭스는 점심을 먹고 엄마와 함께 중앙 광장으로 갔어요. 사람들이 바이오디젤 버스를 타려고 줄지어 기다리고 있었어요. 버스를 기다리는 시간이 설레기는 또 처음이었어요.

드디어 버스가 정류장에 모습을 드러냈어요. 펠릭스는 잡고 있던 엄마 손을 놓고는 버스 뒤편으로 급히 달려갔어요.

"펠릭스! 어디 가니?"

"잠시만요. 확인할 게 있어요."

펠릭스는 버스가 방귀처럼 내뿜는 매연이 정말 나오지 않는지 확인

하고 싶었어요. 듣던 대로 불쾌한 매연도 석유 냄새도 느껴지지 않았어요. 펠릭스는 다시 돌아와 엄마와 버스에 올라탔어요. 자리에 앉자 장바구니를 들고 있던 한 아주머니가 큰 목소리로 말했어요.

"앞으로 그라츠에 다니는 모든 버스의 연료를 폐식용유로 만든 바이오디젤로 바꾼다는 얘기 들었어요?"

"와, 그러면 그라츠는 자동차 매연이 없는 깨끗한 도시가 되겠네요."

사람들의 이야기를 듣고 있던 펠릭스는 미소를 지었어요. 폐식용유를 모으는 일이 귀찮다고 생각했지만, 공기를 깨끗하게 만드는 데 도움이 된 것 같아 뿌듯한 마음이 들었거든요. 앞으로 바이오디젤이 되는 폐식용유를 열심히 모으겠다는 다짐도 했지요.

버스가 출발하자 어디선가 고소한 냄새가 났어요.

쓰레기를 뒤져라! 에너지를 찾아라!

바이오디젤

바이오디젤은 콩기름·유채기름 등의 식물성 기름 또는 동물성 기름을 원료로 만든 무공해 연료를 말해요. 바이오에탄올과 함께 가장 많이 쓰이는 바이오 연료이지요. 자동차, 비행기, 선박 등의 연료로 사용되고 배기가스 발생은 경유의 3분의 1 수준이에요.

폐식용유로 에너지를 만드는 오스트리아 그라츠

바이오디젤을 만들려고 폐식용유를 모으는 통 ⓒJoe Mabel

그라츠는 오스트리아에서 두 번째로 큰 도시예요. 그라츠의 시내버스 140여 대는 폐식용유로 만든 바이오디젤로 움직여요. 각 가정과 음식점에서 적극적으로 폐식용유를 모은 덕분이지요. 그라츠시가 폐식용유를 모으게 된 계기는 미세 먼지였어요. 산지로 둘러싸인 지형 때문에 미세 먼지 오염이 심각했거든요. 그라츠 사람들은 공기를 깨끗하게 만들기 위해 머리를 맞대고 고민했어요. 그 결과 먼저 자동차가 많이 내뿜는 매연을 줄이기 위해 시내버스에 친환경 연료를 사용하기로 했어요. 1999년에는 '프라이팬에서 연료 탱크 속으로'라는 구호를 내걸고 폐식용유 수거 캠페인을 벌였어요. 각 가정에 폐식용유를 담는 3~5리터의 수거통을 나눠 주고 모으는 방법도 알려 주었지요.

사람들은 모은 폐식용유를 마을 공동 수거장에 내놓거나 수거 자동차가 다닐 때 주었어요. 그라츠 주변 지역과 슬로베니아의 햄버거 가게 170여 곳에서도 폐식용유를 보내 한 해 동안 280톤이나 모았어요.

그럼 바이오디젤을 만드는 과정을 알아볼까요? 폐식용유를 가열하고 식히면 물과 찌꺼기가 분리돼요. 체에 거른 후 메탄올과 수산화 나트륨을 넣으면 글리세린과 침전물이 생겨요. 침

바이오디젤용 폐식용유 수거 트럭 ©Donald Trung Quoc Don

전물을 걷어 내면 주황색의 깨끗한 용액이 나오는 데 이게 바로 바이오디젤이지요.
그라츠에서 폐식용유로 만든 바이오디젤을 사용한 결과, 배출되는 이산화 탄소량이 연간 6,600만 톤이나 줄어들었어요. 다 쓴 식용유로 만든 에너지가 깨끗한 도시를 만든 거예요.

폐식용유로 세계 일주를 한 특별한 여행가

바이오디젤 연료로 세계 일주에 성공한 보트, 어스레이스 ©Tony Hisgett

일본 여행가 야마다 슈세이는 오직 폐식용유 연료만 사용하는 자동차 세계 여행을 시작했어요. 석유 대신 버려진 기름만으로도 생활할 수 있다는 사실을 알리기 위해서였지요. 그는 자동차 뒤에 바이오디젤 제조기를 달고, 폐식용유로 바이오디젤을 만들어 연료로 사용했어요. 여행 중에 연료가 부족해지면 주변 가정집 문을 두드리고 여행의 취지를 소개했어요. 이 야기를 들은 사람들은 폐식용유를 나눠 주었어요.

그는 2007년 일본을 시작으로 캐나다, 미국, 서유럽, 중앙아시아를 거쳐 총 17개국을 여행하는 데 성공했어요. 그가 폐식용유로 이동한 거리는 4만 7,000킬로미터에 달해요. 폐식용유는 6,504리터가 사용됐지요.

"2021년 우리나라에서는 16만 톤의 폐식용유가 바이오디젤을 만드는 데에 사용됐어. 폐식용유 1만 톤으로 만든 바이오디젤을 이용하면 연간 2만 톤의 이산화 탄소를 줄일 수 있어. 이 폐식용유를 하수 처리하는 데 드는 비용 4억 5000만 원도 아낄 수 있지."

폐윤활유를 연료로 만들어요

많은 기계에 윤활유가 사용돼요.

자동차와 선박, 농기계에서 나오는 폐윤활유도 사용할 수 있는 기름으로 재탄생되고 있어요. 윤활유는 기계가 맞닿는 부분에 생기는 마찰력을 줄이려고 사용하는 기름이에요. 자동차의 엔진 오일, 미션 오일 등이지요. 윤활유는 연료처럼 닳아 없어지지 않기 때문에 일정 기간 사용하면 버려야 해요.

하지만 폐윤활유도 여러 공정을 거쳐 다시 사용할 수 있는 기름으로 만들 수 있어요. 전라북도 익산시의 농가들은 폐윤활유 처리가 늘 골칫거리였어요. 트랙터와 콤바인 등 농기계에서 나오는 폐윤활유가 해마다 1,200리터나 나왔거든요. 익산시는 이를 해결하기 위해 각 농가에 폐유 수집통을 보급하고, 모은 폐윤활유를 난방에 사용하는 등유로 재탄생시켰어요. 폐윤활유로 만든 연료는 기존 연료보다 열효율이 30퍼센트나 높은 장점도 있어요.

또 티엠에스꼬레아라는 우리나라 기업은 2021년 세계 최초로 선박 폐유 열분해 장치를 개발했어요. 이 장치는 선박에서 나오는 폐유와 기름 찌꺼기를 재생 연료로 만들어요. 게다가 선박을 운항하는 동안에도 재생 연료를 만들어 선박에 사용할 수 있게 해요. 선박 운항에 드는 연료 비용도 줄이고 대기 오염도 줄이는 기술이지요.

폐식용유로 에너지를 만드는 일이 왜 중요할까요?

바이오디젤을 만드는 원료는 옥수수, 콩, 유채 등 다양해요. 하지만 이 원료들은 사람이 먹는 작물이지요. 에너지를 만들기 위해 식량 자원을 많이 사용하면 작물 가격이 오를 수밖에 없어요. 이런 현상을 애그플레이션이라고 불러요.

애그플레이션(agflation)은 농업(agriculture)과 인플레이션(inflation)이 합쳐진 말이에요. 농산물 가격이 올라 다른 물가까지 상승하는 현상을 뜻하지요. 전쟁이나 기후 위기로 인한 곡물 부족이 원인일 때도 있지만, 바이오 연료를 만들기 위해 작물을 너무 많이 사용하는 바람에 일어나기도 해요. 폐식용유로 에너지를 만드는 일이 환영받는 이유이지요.

폐식용유는 분리배출하세요

폐식용유는 음식물 쓰레기가 아니에요. 음식물과 함께 버리거나 하수구에 그냥 흘려보내면 안 돼요. 무심코 버린 폐식용유 한 컵을 수돗물로 희석하려면 2리터짜리 페트병 약 2,000개 분량의 물이 사용돼요. 또 기온이 낮을 때는 폐식용유가 굳어 하수구를 막기도 해요. 2015년에 영국 첼시의 하수구를 10톤짜리 폐식용유 덩어리가 막아 버려 복구하는 데 6억 원가량이 들어간 일도 있어요. 또 캠핑에서 사용한 기름을 땅에 버리면 땅속 공기 구멍을 막을 뿐 아니라 기름을 없애기도 힘들어요.

쓰레기 분리수거장에서 폐식용유 수거통을 찾아보세요. 만약 프라이팬에 식용유가 아주 조금 남아 통에 담기 어렵다면, 종이나 휴지로 닦아 일반 쓰레기로 버려야 해요.

5장
버리는 물로 에너지를 만든다고?

발전소에서 자란 물고기

물고기가 싫어하는 물

지아가 사는 곳은 충청남도 당진에 있는 바닷가 마을이에요. 지아 아빠는 매일 새벽에 배를 타고 나가 잡은 물고기를 어시장에 내다 팔지요.

지아는 포구에 쭈그리고 앉아 이른 아침부터 아빠를 기다리고 있었어요. 지아가 마을 신문의 어린이 기자라 바다의 날을 맞아 환경 기사를 써야 했거든요. 지아는 아빠 배를 타고 바다 쓰레기를 직접 주우면서 환경 문제를 눈으로 확인하기로 했어요.

도착할 시간이 되려면 30분이나 남았는데 벌써 저 멀리 아빠 배가 보였어요. 지아는 엉덩이를 탈탈 털고 일어나 아빠를 향해 있는 힘껏 손을 흔들었어요. 배가 가까이 다가올수록 텅텅거리는 엔진 소리가 시끄럽게 들려왔어요.

"아빠! 왜 이렇게 빨리 왔어요?"

"오늘도 허탕이네."

지아는 아빠가 내민 손을 잡고 배 위로 폴짝 뛰어 들어갔어요. 배에 올라서자마자 곧바로 물칸을 들여다봤어요. 물칸은 잡은 물고기를 넣어 두는 창고 같은 곳인데, 물고기가 살 수 있도록 바닷물이 들어오게 만들어요.

"아빠, 오늘 잡은 물고기가 이것뿐이에요?"

2년 전까지만 해도 물칸에 물고기가 꽉 차 있었는데, 나날이 조금씩 줄더니 이제는 고기들이 움직일 때마다 바닥이 보였어요. 지아는 바다가 쓰레기로 몸살을 앓고 있기 때문이라고 생각했어요.

"아빠, 제가 오늘 바다 청소 정말 열심히 할게요."

지아의 목소리가 비장했어요.

배는 포구와 가장 가까운 섬에 있는 해수욕장으로 향했어요. 천천히 물살을 가르며 가다가 쓰레기가 보이면 배를 세우고 긴 뜰채로 건졌어요. 지아는 쓰레기가 몇 개인지 어떤 쓰레기인지 적는 일도 잊지 않았지요.

배가 화력 발전소를 옆을 지날 때였어요. '뿌뿌' 하며 뱃고동 소리가 울리더니 다른 고깃배가 다가왔어요.

"요즘 좀 어떠십니까?"

"이대로는 힘들겠어요. 바닷물 온도가 자꾸 높아져서 그런지 물고기가 잡히질 않아요."

"그러게요. 물고기들이 바다 위로 펄떡펄떡 튀어 올라야 할 시기인데 말이죠."

"저렇게 매일 발전소에서 뜨거운 물이 콸콸 쏟아져 나오는데 바다라고 별수 있겠냐 말이에요, 나 원 참."

지아는 물고기가 잡히지 않는 원인이 발전소라는 말이 이해되지 않앉어요.

"아빠, 저 화력 발전소에서 나오는 물이 왜 문제예요?"

"발전소에서 뜨거운 발전기를 식히는 데 차가운 바닷물을 사용하거든. 발전기를 식히고 난 바닷물은 온도가 높아진 채로 다시 바다에 버려진단다. 그 물을 온배수라고 해."

"그래서 바닷물 온도가 올라간 거예요? 지구 온난화처럼요? 그런데 바다가 이렇게 넓은데 온배수가 큰 영향을 줄까요?"

"온배수는 바닷물 온도보다 7도 이상 높은 상태로 배출되거든. 반경 30킬로미터까지 영향을 줄 수 있어."

아빠는 이 문제가 우리 동네만의 일이 아니라고 했어요. 발전소가 있는 다른 지역 바다의 꽃게와 양식장 바지락도 온배수 때문에 피해를 보고 있다고요.

"아빠, 그런데 왜 가만히 있어요?"

"시위도 하고 민원도 넣었지. 해결 방법을 찾아본다고 하는데, 답답하네."

그동안 지아는 바다를 오염시키는 원인이 사람들이 버린 쓰레기라고만 생각했는데, 발전소에서 버린 물도 문제라는 사실을 새롭게 알았어요. 지아는 기사 내용을 바꾸기로 마음먹었어요. 그리고 온배수라는 글자를 메모해 두었지요.

물속에 에너지가 있어요

다음 날 포구에는 '바다의 날'이라고 쓰인 현수막이 크게 걸렸어요. 바다의 소중함을 느끼고 아껴 주기로 약속하는 날이에요. 바다를 청소하는 행사도 열리고 저녁에는 콘서트도 열린대요. 평소 고깃배가 가득하던 포구에 사람들이 북적댔어요.

지아도 아빠와 함께 포구에 놀러 왔어요. 지아가 주변을 빙 둘러보니 똑같은 점퍼를 입은 어른들이 눈에 들어왔어요. 화력 발전소라는 글자가 적힌 점퍼를 입은 어른들은 배가 정박한 쪽으로 걸어오고 있었어요.

지아는 이때다 싶어 온배수 이야기를 물어봐야겠다고 생각했어요. 아빠 손을 잠시 놓고는 발전소 직원들 곁으로 바짝 다가섰어요. 마침 그중 한 명이 어촌 계장 아저씨에게 웃으며 인사를 하고 있었어요.

"안녕하세요. 어촌 계장님, 여기 전복 받으세요."

"이게 다 무엇입니까?"

"발전소 온배수로 키운 전복입니다. 4만 5,000미 정도인데, 마을에 기증하겠습니다."

지아는 따지러 갔다가 희한한 이야기를 듣고 말았지요. 바다를 오염시키는 온배수로 전복을 키우다니요.

지아는 다른 발전소 직원 아저씨에게 다가가 말했어요.

"아저씨, 안녕하세요? 저는 어린이 기자인데요. 온배수로 어떻게 전복을 키우나요? 온배수는 발전소에서 버린 나쁜 물 아닌가요?"

직원 아저씨는 잠시 당황하더니 곧 차분하게 대답했어요.

"맞아. 온배수가 그대로 바다로 흘러가면 바다에 나쁜 영향을 줄 수 있어. 하지만 온배수에는 에너지가 숨어 있단다."

"에너지요?"

"온배수의 온도 차이를 이용해 냉난방을 할 수 있거든. 수열 에너지라고 해."

아저씨는 온배수는 따뜻한 물이라 그 열로 양식장 온도를 조절해 전복을 키울 수 있다고 했어요. 또 그렇게 에너지를 사용한 물은 뜨겁지 않아 바다로 내보내도 해롭지 않대요. 온배수를 농장과 식물원에서 활용하는 이야기도 들려줬지요.

지아가 얘기를 듣는 동안 웅성웅성하는 소리가 들리더니 사람들이 고깃배에 올라타기 시작했어요. 지아에게 설명하던 아저씨도 바삐 올라타면서 말했어요.

"어린이 기자라고 했지? 발전소에서 여는 행사가 시작되는데, 같이 갈래?"

지아는 좀 더 알고 싶었어요. 그래서 다른 사람들과 이야기를 하고 있는 아빠에게 함께 타자고 부탁했지요.

배에 오르니 배 가장자리에 통이 줄줄이 놓여 있었어요. 지아는 성큼 다가가 그 안을 들여다봤어요. 아주 작은 새끼 물고기들이 잔뜩 있

었어요.

"아빠, 이게 다 뭐예요?"

"치어들이네. 어린 물고기란 뜻이야."

옆에 있던 발전소 아저씨가 아빠의 말을 받았어요.

"곧 온배수로 키운 치어들을 바다에 뿌릴 거야. 바다 생물 자원을 늘리기 위해서란다."

잠시 후 누군가 외치기 시작했어요.

"자, 치어 방류를 시작합니다! 하나 둘 셋 하면 광어, 우럭, 도미 치어들을 바다로 보내 주세요. 하나, 둘, 셋!"

사람들은 통을 바다로 내밀고는 거꾸로 뒤집었어요. 통에서 나온 어린 물고기들은 파닥거리며 바다로 뛰어들었어요.

그 순간 지아는 아빠 고깃배의 물간이 떠올랐어요. 점점 줄어드는 물고기 때문에 한숨짓던 아빠의 얼굴도 스쳐 지나갔어요.

"아빠, 발전소가 버리는 물이 나쁘지만은 않은 것 같아요."

"그래. 온배수를 그대로 버리면 바다가 피해를 입지만, 온배수 에너지를 활용하면 바다와 발전소가 공존할 수 있겠구나."

발전소 아저씨는 모든 발전소가 온배수를 에너지로 활용하고 있지는 않다고 했어요. 대신에 온배수를 바다에 바로 방출하지 않고 식히는 기술을 개발하고 있다고 했지요.

지아는 물고기 방류를 마치고 포구로 돌아오는 배 안에서 다짐했어요. 온배수에 대해 새로 알게 된 사실을 많은 사람에게 알려야겠다고 말이에요.

그리고 버려지는 것에서 에너지를 찾아서 다행이라는 생각도 들었어요. 에너지를 잘 이용하면 더는 바다를 괴롭히지 않을 수 있으니까요.

쓰레기를 뒤져라! 에너지를 찾아라!

수열 에너지

물의 온도가 대기 온도보다 여름에는 낮고, 겨울에는 높은 특성을 활용하는 친환경 에너지예요. 물의 온도 차이를 이용하기 때문에 온도 차 에너지라고도 불러요. 발전소의 온배수도 수열 에너지에 포함돼요. 서울의 롯데 월드 타워가 한강 물로 만든 수열 에너지를 냉난방에 활용하고 있어요. 정수장, 한강 홍수 통제소 등에서도 수열 에너지를 이용하지요.

발전소 온배수로 수열 에너지를 만들어요

원자력 발전소는 냉각수로 장비를 식혀요.

우리나라에는 57개의 석탄 화력 발전소와 24개의 원자력 발전소가 있어요(2022년 3월 기준, 8기 건설 중). 이 발전소들은 우리가 생활하는 데 필요한 전기를 만들어요. 발전소에는 전기를 만드는 발전기가 있는데, 휴대폰을 오래 쓰면 뜨거워지듯이 발전기도 사용할수록 점점 온도가 올라가요. 발전기가 과열되면 고장이 나기 때문에 발전소는 발전기 온도를 낮춰야 해요. 우리나라 발전소에서는 뜨거운 장비를 식히는 냉각수로 바닷물을 사용해요. 그래서 발전소 대부분은 바닷가 인근에 위치하고 있어요.

장비를 식히는 데 사용된 바닷물은 다시 바다로 배출되는데, 수온이 7도에서 14도까지 높아진 상태예요. 이 물을 온배수라고 불러요. 따뜻하게 배출되는 물이라는 뜻이지요.

온배수는 수열 에너지로 활용할 수 있어요. 먼저 온배수가 나오는 곳에 열 교환기를 설치해 열을 흡수해요. 그런 다음 히트 펌프를 이용해 난방에 필요한 온수를 생산해요. 히트 펌프는 낮은 온도를 높은 온도로 올려 주는 역할을 하는 장치예요. 7도 정도 되는 물을 40~50도의 온수로 만들어 주지요. 이 온수를 여러 곳에 활용하는 거예요.

일부 발전소는 온배수의 열을 수산물 양식과 농업 냉난방에 활용하고 있어요. 발전소에 설치한 양식장의 수온을 온배수로 유지해 넙치와 대하, 참돔, 전복 등을 키워요. 발전소는 이렇게 키운 수산물을 인근 바다에 방류하고 있어요. 바다 생물 자원 보존을 위해서지요. 또 제주도의 한 망고 농장은 발전소의 온배수 열을 냉난방으로 활용해 전기료를 한 해 동안 5000만 원이나 아꼈어요.

"프랑스는 온배수를 농업과 어업에 적극적으로 활용하고 있어. 로젠 열대 식물원은 온실 난방의 80퍼센트 이상을 온배수 에너지로 사용해. 불가리아와 스위스는 온배수를 가정용 난방에 활용하고 있어."

더러운 물을 에너지로 만드는 물 재생 센터

폐수를 정화하는 하수 처리장

우리가 양치, 세수, 설거지하고 버리는 더러운 물을 생활 하수라고 해요. 생활 하수, 공장 폐수, 빗물이 모이는 곳이 있어요. 바로 하수 처리장이에요. 하수 처리장으로 이동한 더러운 물은 여러 공정을 거친 다음 깨끗한 상태로 강과 바다에 방류돼요.

하수 처리장 중에는 물을 정화하는 일과 함께 에너지 생산을 하는 곳도 있어요. 서울의 물 재생 센터는 더러운 물속에 있는 하수 찌꺼기를 메탄가스로 만들어 하수 처리장 시설의 발전기 연료로 사용하고 전기로도 만들어요. 시멘트 등의 고형 연료로 만들기도 하지요. 또 폐수를 처리하는 과정에서 물이 떨어지는 낙차를 이용해 전기 에너지를 만들어요. 한강으로 방류하는 물은 겨울에도 평균 12도를 넘는 따뜻한 물이라 이 열을 지역의 난방 에너지로 활용하고 있어요.

폐수에서 그린 암모니아를 생산해요

암모니아 하면 코를 잡을 만큼 불쾌한 냄새가 떠올라요. 하지만 암모니아는 비료와 식량 자원, 의약품, 화장품 등 우리 생활에 필요한 제품을 만드는 데 중요한 역할을 하지요. 최근에는 암모니아로 전기 에너지를 만드는 연구가 활발하게 진행되고 있어서, 암모니아의 가치는 점점 높아지고 있어요.

최근 우리나라에서 폐수 속 질산염으로 암모니아를 얻는 기술을 개발했어요. 생활 하수나 폐수에 많은 질산염은 물속 산소를 없애고 부영양화를 만들어요. 이 때문에 폐수에 있는 질산염을 제거하기 위해 큰 비용을 들이지요. 그런데 폐수 속 질산염으로 암모니아를 생산할 수 있으니 꿩 먹고 알 먹는 셈이지요.

맥주 폐수로 에너지를 생산하는 호주와 독일

바이오가스가 담긴 탱크

코로나19 사태로 호주의 양조장은 유통 기한이 지난 엄청난 양의 맥주를 버려야 했어요. 그러다 한 폐수 처리 공장이 맥주 폐수로 전기를 만들기 시작했어요. 정화조 탱크 안에서 맥주 폐수와 하수를 혼합해 바이오가스를 만들어 전기를 생산했지요. 그 결과 맥주 폐수를 정화하는 데 드는 비용을 절약했을 뿐만 아니라 매주 15만 리터의 맥주로 1,200가구에 전력을 공급할 수 있었어요.

맥주의 나라 독일도 맥주 폐수로 수소를 생산하는 연구를 진행하고 있어요. 뮌스터 대학의 '검은 발효'라는 연구로, 공기와 빛이 차단된 상태에서 맥주 폐수를 발효시켜 수소를 만드는 기술이지요. 독일에서는 이 연구로 수소 에너지 사업에 새로운 길이 열리길 기대하고 있지요.

발전소 온배수를 에너지로 활용하는 일이 왜 중요할까요?

온배수를 그냥 흘려보내면 바다의 수온을 높여 해양 생태계를 망가뜨리고 어업에 피해를 주기 때문이에요. 실제로 우리나라에서 온배수가 방출되는 인근에서 넙치와 숭어, 정어리 수만 마리가 떼죽음을 당하기도 했어요.

발전소의 온배수를 수열 에너지로 이용하는 일은 열 에너지를 낭비하지 않을 뿐 아니라 환경을 지키는 일이기도 해요. 하지만 모든 발전소가 온배수를 활용하고 있지는 않아요. 온배수를 활용하는 다양한 방법을 계속 찾아야겠지요.

더러운 물을 덜 흘려보내야 해요

우리나라 사람이 하루에 쓰는 물의 양은 평균 282리터로, 유럽의 국가들보다 2배 이상이에요. 마시는 물을 제외하면 우리는 깨끗한 물을 실컷 쓰고 더러운 상태로 지구에 버리고 있지요.

라면 국물 한 그릇을 정화하려면 물 2천 그릇이 필요해요. 우유 한 잔을 깨끗하게 하려면 2만 잔의 물이 필요하지요. 이처럼 우리가 무언가를 흘려보내면 그보다 훨씬 많은 물이 사용돼요. 또 더러운 물이 많을수록 물을 정화하기 위한 기술과 비용이 많이 들 수밖에 없어요. 에너지를 만드는 데에 폐수를 사용하면 된다고요? 폐수로 에너지를 만드는 데도 설비와 기술 개발에 큰돈과 시간이 들어요. 그래서 무엇보다 물을 아껴 쓰고 깨끗하게 사용하는 노력이 필요하지요.

6장 음식물 쓰레기로 에너지를 만든다고?

에너지를 만드는 텐트

음식물 쓰레기 냄새가 싫어

아리엘은 한참 동안 입을 오물거리고 있었어요. 입안에는 삼키지 못한 병아리콩들이 들어 있었지요. 언니 쉬라와 오빠 이타이가 병아리콩으로 만든 후무스 한 접시를 뚝딱 비워 낸 지 10분이 지나도록 말이에요. 엄마가 아리엘의 접시를 보며 말했어요.

"아리엘, 남기면 안 돼. 남기면 다 음식물 쓰레기야."

"맛이 없는데 어떡해요."

"다음에 후무스는 조금만 줘야겠구나."

엄마가 어쩔 수 없다는 듯 접시를 치우며 말했어요. 아리엘은 친구

토토와의 약속 시간에 늦었다고 둘러대고 다급하게 일어섰어요.

"아리엘, 나가는 길에 이 음식물 쓰레기 좀 버리고 가려무나."

"저 늦었어요."

"그거야 네가 늦게 식사를 마쳐서 그렇지. 게다가 남기기까지 했으니 네가 버리고 가."

엄마는 아리엘에게 방금 남긴 병아리콩이 담긴 묵직한 봉지를 건넸어요. 시큼하고 불쾌한 냄새가 스멀스멀 올라오는 것 같았어요.

아리엘은 한 손으로 코를 쥔 채 음식물 쓰레기를 들고나왔어요. 태양 빛에 순간 얼굴이 잔뜩 찡그려졌어요. 밖이 너무 더워 쓰레기 분리수거장까지 가기가 정말 귀찮았어요.

쓰레기 분리수거장은 집집에서 종류별로 나누어 버린 쓰레기를 수거

하기 위해 만들어졌어요. 그곳에는 음식물 쓰레기통도 있었어요. 근처에 사는 사람들은 음식물 쓰레기 냄새가 심하게 난다고 늘 불만이었어요. 아리엘 역시 분리수거장은 가고 싶지 않은 장소였어요.

아리엘은 투덜대며 분리수거장으로 가다가 어떤 집 마당 한가운데에 서 있는 텐트를 발견했어요.

'이 더위에 텐트라니. 들어갔다간 통닭이 되겠어. 크크.'

조금 더 걸어가자 다른 집에도 같은 텐트가 놓여 있었어요.

'뭐야? 색깔도 모양도 같잖아.'

아리엘이 유심히 보니 주전자 주둥이 모양의 물체가 텐트에 박혀 있었어요. 정말 이상한 텐트였어요. 어쩌면 사람이 들어가는 텐트가 아닐 수도 있다는 생각이 얼핏 들었지요.

이상한 텐트를 쳐다보고 서 있자니 비닐봉지를 든 손가락이 저려 왔어요. 아리엘은 저 앞에 쓰레기 분리수거장이 보이자 걸음을 재촉했어요. 그런데 어떤 여자아이가 음식물 쓰레기통 주변에서 서성이고 있는 게 아니겠어요? 가까이 다가가 보니 같은 반 친구 타샤였어요.

음식물 쓰레기의 변신

"타샤! 더러운 데서 뭐 하고 있어?"

타샤는 아리엘을 위아래로 훑어보더니 손에 들린 음식물 쓰레기 봉지를 보고 표정이 밝아졌어요.

"아리엘, 그거 버릴 거지? 내가 가져도 돼?"

아리엘은 타샤의 뜬금없는 말에 어이가 없었어요.

"음식물 쓰레기를 달라고? 왜?"

"꼭 필요해서 그래. 가스스토브를 켜야 하거든."

"뭐라고? 요리할 때 쓰는 그 가스스토브?"

아리엘은 혹시 잘못 들었나 싶어 묻고 또 물었어요.

"내 말을 못 믿는구나? 우리 집에 가면 보여 줄 수 있어. 아무튼 그 쓰레기 주면 토스트 구워 줄게."

아리엘은 황당한 타샤의 말이 진짜인지 확인하고 싶었어요. 사실은 아침을 먹는 둥 마는 둥 해서 토스트를 먹고 싶은 마음이 컸어요. 아리엘은 타샤에게 음식물 쓰레기를 넘겨주기로 했지요.

타샤를 따라가다가 아리엘은 또 한 번 흠칫 놀랐어요. 아까 본 이상한 텐트가 있던 집이 바로 타샤네였거든요. 타샤는 마당에 놓여 있는 텐트를 가리키며 말했어요.

"저게 음식물 쓰레기를 에너지로 바꿔 주는 장비야."

타샤네는 얼마 전 텐트처럼 생긴 이 장비를 설치했다고 했어요. 몇몇 집에서 함께 구매했대요. 그래서 다른 집에 똑같은 텐트가 있던 거였어요.

"아리엘, 음식물 쓰레기를 여기 입구에 넣어 봐."

아리엘은 집에서부터 들고 온 음식물 쓰레기를 주둥이처럼 나온 곳에 쏟아부었어요. 어제 먹은 수박 껍질이 후두두 소리를 내며 장비 안으로 떨어졌어요. 음식물 쓰레기 국물도 흘러 역겨운 냄새가 났어요.

"이제 장비 속에 있는 박테리아가 음식물 쓰레기를 분해할 거야. 그 과정에서 생긴 가스는 장비 위쪽으로 모여서 가스스토브를 켜는 에너지가 돼."

"와, 타샤! 정말 신기하다. 그럼 가스는 어떻게 이용해?"

"장비에서 나온 호스를 가스스토브랑 연결해 놨지."

타샤는 장비에서 만들어진 가스가 바이오가스라고 말했어요. 자신도 처음엔 어리둥절했지만 음식물 쓰레기가 가스로 바뀌는 과정을 직접 눈으로 보니 너무 신기했어요.

타샤는 장비 아래에 붙어 있는 작은 수도꼭지도 보여 줬어요. 거기로는 퇴비가 만들어져서 나온다고 했어요.

아리엘은 또 궁금한 게 생각났어요.

"그런데 왜 이렇게 보이는 곳에 놔뒀어? 눈에 안 띄는 곳이나 집 뒤편에 둬도 되잖아."

"태양열을 가장 많이 받는 곳에 장비를 둬야 한대. 음식물 쓰레기가 분해되려면 높은 온도가 필요한가 봐."

그때 아리엘의 배에서 꼬르륵 소리가 났어요. 아리엘은 그제야 토스트를 구워 주겠다는 타샤의 말이 생각났어요.

"타샤, 음식물 쓰레기 줬으니까 토스트 만들어 줄 거지?"

"아, 참! 물론이지. 특별한 토스트를 구워 줄게."

타샤는 아리엘을 주방으로 안내했어요. 그리곤 가스스토브를 켜는 손잡이를 잡았어요.

"가스가 들어옵니다. 짜자잔!"

타샤가 가스스토브 손잡이를 돌리자, 정말로 불이 켜졌어요. 둘은 박수를 치며 좋아했어요. 타샤는 버터를 넣고 노릇노릇하게 구운 토스트를 주었어요. 음식물 쓰레기로 만든 가스로 구워서 그런지, 아리엘은 맛이 더 특별하게 느껴졌어요.

"타샤! 내가 음식 많이 남겨서 가지고 오면 또 만들어 줄래?"

"무슨 소리야. 음식물은 남기면 안 돼. 과일 껍질이나 먹지 못하는 부분은 어쩔 수 없이 버려야겠지만."

"하하하, 그렇네! 에너지를 만든다고 쓰레기를 늘릴 생각을 하다니. 나 참 바보 같다!"

한바탕 웃은 둘은 토스트를 먹으며 주방 창밖으로 음식물 쓰레기를 집어삼킨 신기한 장비를 바라봤어요. 냄새나고 불쾌한 쓰레기가 에너지로 변하는 모습이 봐도 봐도 신기할 따름이었지요.

 **쓰레기를 뒤져라! 에너지를 찾아라!**

바이오가스
음식물, 분뇨, 하수 찌꺼기 등을 미생물로 분해하는 과정에서 만들어진 연료용 가스예요. 바이오가스는 메탄과 이산화 탄소, 수소 등으로 구성되어 있어요. 전기를 생산하는 발전기 연료로 쓰거나 수소로 만들어 차량 연료로 활용하고 난방, 요리에 사용하기도 해요.

집에서 만드는 에너지, 홈 바이오가스

음식물 쓰레기에서 풍기는 불쾌한 냄새는 정말 참을 수가 없어요. 음식을 남기지 않고 다 먹는다고 해도 음식물 쓰레기는 발생해요. 음식 재료를 다듬을 때 나오는 채소와 생선 부산물, 과일 껍질 등도 모두 음식물 쓰레기가 되지요. 공장에서 음식물 쓰레기로 비료나 에너지를 만들기도 하지만 집에서 바로 에너지로 만들 수 있다면 어떨까요?

집에서 음식물 쓰레기로 바이오가스를 만드는 장비 ⓒAcornToOak

이스라엘의 한 기업은 가정에서 음식물 쓰레기로 에너지를 만들어 사용하는 장비를 개발했어요. 홈 바이오가스라고 불리는 이 장비는 집 밖에 설치해 사용해요. 텐트처럼 생긴 장비에 음식물 쓰레기를 넣으면 태양열을 받은 장비 내부의 온도가 높아지면서 박테리아가 음식물을 분해해요. 이때 만들어진 바이오가스는 장비 위쪽 탱크에 모여요. 바이오가스는 파이프를 통해 공급돼 가스레인지의 불을 켤 수 있게 하지요. 이 장비는 음식물 쓰레기 1리터로 약 200리터의 바이오가스를 만들 수 있어요. 또 한 번에 최대 12리터의 음식물 쓰레기가 들어가는데 이 양으로 3시간 동안 가스레인지의 불을 켤 수 있어요. 또 천연 액체 비료도 최대 20리터 만들 수 있어요. 무엇보다 음식물 쓰레기의 불쾌한 냄새가 사라지니 환영받을 만하지요.

아직도 가난한 나라에서는 나무나 석탄을 때서 음식을 조리해요. 이때 나오는 연기 때문에 폐와 심장이 나빠져 사망하는 일도 많지요. 홈 바이오가스 장비는 요르단, 우간다 같은 저소득 국가와 난민 캠프, 보육원에 설치되어 실내 대기 오염 문제를 해결하고 있어요.

"우리나라 각 가정에서 한 해 동안 나오는 음식물 쓰레기를 합하면 1만 4,000여 톤이나 돼. 이 음식물 쓰레기를 처리하는 데만 약 8000억 원이 들지."

음식물 쓰레기로 만든 수소 연료

바이오가스 충전소

음식물 쓰레기로 수소를 만들어 공급하는 곳이 우리나라에 있어요. 2022년 국내에서 최초로 만들어진 충주 바이오 수소 융복합 충전소예요. 이 충전소는 자동차에 수소를 제공하고 인근 지역에 수소를 공급하기도 해요.
그럼 이곳에서 어떻게 수소를 만드는지 알아볼까요? 먼저 충주 지역에서 음식물 쓰레기 60여 톤을 수거해 정제, 압축 등의 과정을 거쳐 메탄가스로 만들어요. 그리고 바이오 수소 충전소에서 메탄가스로 수소를 만들지요. 수소 승용차 100대를 충전할 수 있는 500킬로그램의 수소를 매일 만들어 내요. 여기서 만들어진 수소는 탄소 배출이 거의 없는 '그린 수소'예요. 수소는 대부분 만드는 과정에서 이산화 탄소가 배출되는 '그레이 수소'예요. 친환경 에너지가 냄새나고 불쾌한 음식물 쓰레기로 만들어진다는 사실이 놀랍지 않나요?

"수소 에너지는 물, 유기물, 화석 연료 등의 화합물 형태로 존재하는 수소를 연소해 얻어 내는 2차 에너지야. 수소는 우주에서 가장 풍부하게 존재하는 원소이기 때문에 고갈될 걱정이 없고, 에너지가 쓰일 때 이산화 탄소가 나오지 않아."

우동 쓰레기로 에너지를 만드는 일본의 우동 발전소

따끈한 국물 속에 탱글탱글한 우동 면발은 언제 먹어도 맛있지요. 하지만 시간이 지나 불어 터진 면발을 좋아하는 사람은 아마 없을 거예요. 그래서 우동 가게는 손님들에게 막 삶은 면을 제공하려고 삶고 시간이 좀 지난 면은 버리곤 해요.

음식물 쓰레기가 에너지가 되는 과정

일본 가가와현에는 우동 가게가 800여 개나 돼요. 이 지역에서 버리는 우동은 연간 6,000여 톤에 달한다고 해요. 신기하게도 가가와현에는 우동 쓰레기를 에너지로 바꾸는 발전소가 있어요. 그야말로 우동 발전소인 셈이지요.

우동 면과 어묵, 주먹밥 등 우동 가게에서 나온 음식물 쓰레기와 식품 공장에서 버린 음식물을 합쳐 최대 3,000톤을 매일 수거해요. 수거한 음식물 쓰레기는 잘게 자른 후 지하수를 넣어 발효통에 넣지요. 온도가 37도인 통 안에서 미생물이 작용하면서 메탄가스가 만들어져요. 메탄가스는 전기 발생기를 돌리는 동력으로 사용돼요. 이렇게 매일 3,000여 톤의 음식물 쓰레기를 사용해 매년 6700만 원 상당의 전기를 만들지요.

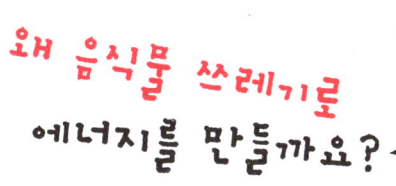

음식물 쓰레기로 에너지를 만드는 일이 왜 중요할까요?

우리나라에서 버려지는 음식물 쓰레기는 하루 평균 1만 5,900톤으로, 생활 쓰레기의 30퍼센트를 차지하고 있어요. 처리 비용도 연간 8000억 원에서 1조 원이 들지요. 게다가 음식물 쓰레기를 처리하는 과정에 화석 연료가 사용돼 이산화 탄소가 발생해요. 먹을 수 있는 과일 한 개를 무심코 버리면 쓰레기 처리에 드는 에너지만 낭비되는 게 아니에요. 과일을 키우는 데 사용된 물과 비료, 노동력, 운송비 등의 자원까지 모두 버리는 셈이지요.
그래서 음식물 쓰레기를 이용해 바이오가스를 만드는 일은 화석 연료 사용을 줄이면서도 에너지를 낭비하지 않는 좋은 방법이지요.

왜 음식물 쓰레기를 분리배출해야 하나요?

음식물 쓰레기는 수분이 많아 부패하기 쉽고 땅에 묻으면 토양 오염과 수질 오염을 일으켜요. 이런 이유로 우리나라에서는 2005년부터 법으로 음식물 쓰레기를 땅에 묻고 바다에 버리는 일을 금지했어요. 음식물 쓰레기는 분리배출만 잘하면 100퍼센트 재활용할 수 있으니 제대로 처리해 주세요.
분리배출을 제대로 하려면 먼저 음식물 쓰레기인지 아닌지 확인해야 해요. 동물이 먹을 수 있는지 따져 보면 쉬워요. 호두, 땅콩, 밤, 도토리 등 견과류 껍데기는 음식물 쓰레기가 아니에요. 또 복숭아, 자두 등 핵과류의 씨앗과 육류의 털, 뼈다귀도 동물이 먹기 어려우니 음식물 쓰레기가 아니지요. 조개, 소라, 전복, 꼬막, 굴 등 어패류 껍데기와 일회용 티백도 일반 쓰레기로 버리세요.

7장

나무 쓰레기로 에너지를 만든다고?

나뭇가지에서 시작된 기적

뜻밖의 선물

토요일 오전 마크는 친구 스티브와 마을 뒷산에 오르기로 했어요. 마크가 사는 오스트리아 귀싱은 마을 절반이 울창한 숲으로 이루어져 있을 만큼 나무가 아주 많은 곳이에요.

마크는 스티브와 나무 쓰레기를 줍기로 했어요. 마을에는 나무 쓰레기로 만든 연료를 사용하는 마을 공동 보일러 시설이 있거든요. 주말마다 둘은 나무 쓰레기 줍는 일을 거들고 있어요.

"마크! 먼저 와 있었네?"

반갑게 인사를 건넨 스티브는 무언가를 마크에게 내밀었어요.

"네가 아끼는 목검이잖아. 역시 다시 봐도 멋지네."

떡갈나무를 깎아 용을 정교하게 새긴 아주 멋진 검이었어요. 마크가 하루만 빌려 달라고 부탁해도 절대 허락하지 않을 정도로 스티브가 아끼는 물건이었지요.

"너 주려고 가져왔지."

"정말이야?"

마크는 스티브의 깜짝 선물에 기분이 날아갈 것 같았어요.

둘은 나무가 빽빽한 뒷산을 올랐어요. 걸을 때마다 나무에서 떨어진 잎사귀가 발밑에서 바스락거렸어요. 나무 쓰레기들은 여기저기 흩어져 있었어요. 죽은 나무들을 베고 생긴 쓰레기였어요. 나무가 많은 만큼 나무 쓰레기도 넘쳐 났지요. 주울 때 조심하지 않으면 거친 가지에 찔려 다치기도 했어요.

"이거 괜찮다. 꽤 쓸 만하겠는걸?"

마크는 커다란 나뭇가지를 들어 올렸어요. 나무 쓰레기를 줍는 일은 무척 귀찮았지만, 오늘은 허리춤에 있는 스티브의 목검 덕분인지 하나도 힘들지 않았어요. 그런데 스티브는 나뭇가지 줍는 일에 관심이 없어 보였지요.

"마크, 너 빈에 가 봤어? 거기에는 놀이공원도 있다더라. 박물관도 있고."

"말로만 들어 봤지. 나도 가 보고 싶어. 근데 왜?"

"나 빈으로 이사 가게 됐어."

마크는 순간 몸이 얼어붙는 기분이었어요. 스티브가 갑자기 왜 목검을 주었는지 알 것 같았어요. 이별 선물이었어요. 마크는 서운한 마음이 밀려왔지만 꾹 참았어요.

"와, 좋겠다."

"거기 가면 내가 좋아하는 피아노도 배울 수 있대. 그런데 다시 돌아온댔어. 우리 아빠가."

스티브는 다시 돌아오겠다고 했지만 마을을 떠난 후에 돌아온 사람은 거의 없었어요. 이미 다른 친구들도 스티브처럼 가족을 따라 하나둘 마을을 떠났거든요. 도시로 간 사람들이 다시 가난한 시골 마을로 돌아오긴 어렵다는 사실을 마크도 알고 있었지요.

마크는 부럽기도 하고 속상하기도 해서 아무 말 없이 나뭇가지만 주웠어요.

우리 마을 공동 보일러

마크가 스티브와 헤어지고 집에 돌아오니 현관에는 나무 쓰레기가 한가득 쌓여 있었어요. 오래전 아빠가 만든 나무 의자도 다리 한쪽이 부러진 채 누워 있었어요. 모두 마을 공동 보일러 시설에 갈 것들이었지요.

마을 공동 보일러 시설은 10년 전쯤에 생겼어요. 귀싱은 가난한 시골 마을이라 주민들은 전기료나 연료비를 감당하기 벅찼어요. 시청에서는 마을에 많은 나무 쓰레기를 이용해 에너지를 만들자고 제안했어요. 그러고는 마을 공동 보일러 시설을 세웠지요. 공동 보일러 시설에서 나온 관은 각 집과 연결돼 난방과 온수를 제공했어요. 마크네도 공장에서 버린 토막나무와 톱밥, 산에서 나온 나무 쓰레기를 활용하는 공동 보일러 시설 덕분에 연료비를 아끼고 있어요.

"마크, 마침 잘 왔다. 아빠 좀 도와주겠니?"

마크는 아빠와 함께 집에서 200미터쯤 떨어진 마을 공동 보일러 시설로 향했어요.

"아빠는 우리 마을이 좋아요?"

"녀석, 뜬금없기는. 고향이니 좋지."

"스티브는 아빠가 일하는 빈으로 간대요. 우리도 가요."

"우리 마을도 점점 좋아질 거야. 고향을 지켜야지. 그리고 자연이 주는 나무 덕분에 아빠가 일도 하잖니."

마크는 아빠에게 떼를 썼어요.

"이깟 나무 쓰레기를 줍는다고 뭐가 달라지는데요? 마을은 별로 변하지도 않는데……."

더 말하고 싶었지만 금세 공동 보일러 시설에 도착하고 말았어요.

"아이고, 마크 덕분에 오늘은 더 따뜻하겠구나."

마을 공동 보일러를 관리하는 톰 아저씨가 반갑게 맞이해 주었어요. 보일러 시설에는 통나무부터 토막나무, 나뭇가지들이 산더미처럼 쌓여 있었어요.

톰 아저씨는 마크가 주워 온 큰 나뭇가지를 기계에 넣었어요. 기계에 들어간 나뭇가지는 다른 나무들과 함께 손가락보다 더 작은 크기로 잘렸어요.

"톰, 보일러 시설 옆에서 며칠 전부터 공사를 하던데, 무슨 문제가 생겼나?"

아빠가 톰 아저씨에게 물었어요. 아저씨는 아주 큰 발전소가 들어선다고 했어요. 그리고 오늘 마을 회관에서 중대 발표가 있으니 꼭 참석하라고 당부했어요.

"아저씨, 저도 가도 돼요?"

"당연하지, 마크. 너도 귀싱 주민이잖니."

마을이 변하기 시작했어요

날이 어두워지기 시작하자 마을 회관 앞에 차들이 모여들었어요. 마크는 아빠와 함께 회관 안으로 들어갔어요. 동네 어른들과 톰 아저씨가 앉아 있었어요. 처음 보는 낯선 아저씨들도 있었지요. 톰 아저씨는 마크에게 낯선 아저씨들을 가리키며 시에서 일하는 공무원이라고 알려 줬어요.

공무원 아저씨 하나가 중앙으로 나오자 웅성거리던 소리가 멈췄어요.

"귀싱은 앞으로 에너지를 100퍼센트 스스로 만들어 사용하는 마을이 될 겁니다. 마을 공동 보일러가 그 시작이었지요."

공무원 아저씨는 마을 주민 모두가 버려진 나무 자원으로 에너지를 만드는 일에 힘쓴 덕분에 많은 곳에서 관심을 갖게 됐다고 말했어요. 정부와 기업에서 연구비를 투자해 마을 공동 보일러 시설 근처에 새로운 발전소가 세워진대요. 나무와 잔디를 발효시켜 에너지를 생산하는 바이오매스 발전소라고 했지요.

"나무를 발효시켜서 에너지를 만든다고요?"

어떤 아주머니가 의아한 듯 물었어요.

"그렇습니다. 식물 종류를 미생물과 발효시키면 메탄가스가 나오지요. 이 가스로 전기를 만들 수 있습니다."

"식물이면 옥수수 껍질이나 옥수숫대도 가능해요? 농사를 지으면 식물 쓰레기가 많이 나오거든요."

"가능합니다. 아주 좋은 에너지 자원이죠."

아저씨는 바이오매스 발전소에서 만든 전기 에너지는 공동 보일러 시설을 보조하고 다른 건물에도 사용할 예정이라고 했어요. 무엇보다 마을 사람들의 노력으로 만들어지기 때문에 에너지의 주인도 마을 주민들이 될 거래요.

"바이오매스 발전소에서 만든 전기를 마을에서 사용하고 남으면 다른 마을에 판매도 할 수 있답니다. 그 수익금은 당연히 주민들의 몫이고요."

공무원 아저씨의 말이 끝나자 마을 사람들의 눈이 모두 휘둥그레졌

어요.

  그날 이후 마을 공동 보일러 시설 옆에 새 발전소가 세워지기 시작했어요. 마을 주민들은 에너지 교육을 받았어요. 자전거를 타고 마을을 둘러보는 관광 코스가 만들어진다는 얘기도 들렸어요.

  무엇보다 마크는 도시로 떠난 친구들의 모습이 다시 보일지 모른다는 기대에 마음이 무척 설레었어요.

쓰레기를 뒤져라! 에너지를 찾아라!

미이용 산림 바이오매스 에너지

원목 규격에 못 미치거나 사용이 어려운 목재를 이용해 만든 에너지를 말해요. 산을 개발하다가 버려진 나무, 숲 가꾸기로 잘린 나뭇가지, 병해충을 입은 나무가 모두 미이용 산림 바이오매스에 해당하지요. 이 목재들은 연료용 펠릿과 바이오에탄올 등으로 이용할 수 있어요.

나무 쓰레기로 가난을 극복한 오스트리아 귀싱

나무 쓰레기로 에너지를 만드는 발전소

오스트리아 귀싱은 가난한 마을이었어요. 주민들은 나무와 옥수수 등을 팔아 생계를 유지했지요. 일자리도 부족한 시골 마을이라 주민의 70퍼센트는 대도시로 일하러 가서 주말에만 돌아왔어요. 아예 마을을 떠나는 사람도 많았지요. 무엇보다 이곳의 문제는 에너지였어요. 2만여 명의 가난한 마을 주민들이 연간 약 56억 원의 전기료를 감당해야 했어요.

그러다 1988년 귀싱 시장과 전기 기술 공무원이 지역의 자원을 활용하자고 제안했어요. 귀싱은 절반 가까이 숲으로 이루어져 있고 일조량이 아주 풍부했거든요. 1992년에 30여 가구가 이용하는 마을 공동 보일러를 만들었어요. 마을에서 나온 폐목재로 칩을 만들어 태우는 방식이었어요. 목재 칩은 나무를 잘게 쪼갠 작은 크기의 목재 조각이에요. 비슷한 연료로 목재 펠릿이 있어요. 목재 펠릿은 나무를 톱밥으로 분쇄한 후 높은 온도와 압력으로 압축해 작은 수수깡처럼 만든 것이지요.

또한 2011년부터는 바이오매스 발전소를 세워 매일 60톤의 폐목재로 에너지를 생산하고 있어요. 마을에서 사용하고 남은 전기와 열 에너지는 인근 지역에 팔아 연간 36억 원가량의 소득을 올리고 있지요.

오스트리아 귀싱 ©Gliwi

지금은 폐목재로 전기, 자동차 연료, 천연가스까지 얻는 기술을 연구하고 있어요. 주민들이 떠날 정도로 가난했던 귀싱은 세계에서 손꼽히는 에너지 자립 마을로 우뚝 섰어요.

낙엽으로 전기를 만드는 프랑스 아미엥

가을이 되면 가로수에서 떨어진 낙엽이 만들어 내는 풍경은 정말 멋져요. 하지만 시간이 지나면 예쁜 낙엽들은 쓰레기가 되고 말아요. 배수구를 막기도 해 비가 오면 빗물이 거리에 고여 불편하지요. 그동안 낙엽으로 퇴비를 만들어 활용하는 사례는 많았어요. 우리나라 역시 마찬가지고요. 하지만 프랑스는 낙엽을 퇴비뿐 아니라 에너지로 만들어 사용하고 있어요.
프랑스 아미엥은 가로수만 5만 그루가 있을 정도로 프랑스에서 가장 나무가 우거진 도시예요. 가을과 겨울에 쏟아져 내리는 낙엽이 해마다 10억 장이 넘지요. 시청은 이 낙엽을 긁어모아 바이오 메탄가스 공장에 보내요. 그곳에서 박테리아를 이용해 바이오가스로 만든 후 발전소에 공급해 전기를 생산하고 있지요. 매년 500여 톤에 달하는 낙엽으로 4,000여 가구에 전기를 공급하고 있답니다.

쓸모없는 나무에서 수소 에너지를

나무 쓰레기는 다양하게 재활용되지만 버려지는 부분도 있어요. 오래된 책의 종이가 누렇게 변한 모습을 본 적 있지요? 바로 리그닌이라는 성분 때문이에요. 목재의 30~50퍼센트를 이루는 리그닌은 세포벽을 이루며 식물을 지지하는 역할을 해요. 리그닌은 점도가 높아 끈적거리고 다른 물질과 잘 섞이지 않아 대부분 버려졌어요. 우리나라에서 버리는 리그닌만 연간 5,000만 톤이나 돼요. 그런데 국내 연구진이 수소를 만들 때 사용하는 촉매로 리그닌을 활용하는 기술을 개발했어요. 수소를 만들 때 드는 비용도 아낄 수 있고 버려지는 자원도 활용하는 획기적인 기술이지요.

"한국 과학 기술원은 리그닌의 단점을 극복해 바이오 항공유를 개발했지. 덕분에 비행기에서 나오는 온실가스도 줄일 수 있게 됐어."

자동차의 연료인 바이오에탄올을 만들어요

자동차 연료로 쓰이는 바이오에탄올 ⓒHarry Wood

바이오에탄올은 바이오매스를 이용해 만든 연료예요. 바이오에탄올은 주로 옥수수, 사탕수수와 같은 식량 자원으로 만들어요. 하지만 식량으로 써야 할 작물이 에너지를 만드는 데 쓰이면서 식량 자원이 줄어들어 곡물 가격이 오르는 단점이 있어요.

지금은 폐목재를 원료로 바이오에탄올을 만드는 기술이 주목받고 있어요. 하지만 폐목재를 이용할 때는 한 가지 과정이 더 필요해요. 목재에는 발효를 어렵게 하는 물질이 들어 있어 이를 제거해야 하거든요. 그다음 목재의 다당류를 알코올로 만들기 쉬운 단당류로 전환하지요. 이를 당화 과정이라고 불러요. 그 후 발효 과정을 거치면 바이오에탄올이 만들어져요. 바이오에탄올은 주로 휘발유와 섞어 쓰거나 휘발유 대신에 자동차 연료로 사용하지요.

왜 나무 쓰레기로 에너지를 만들까요?

나무 쓰레기로 에너지를 만드는 일이 왜 중요할까요?

나무는 공기 중의 이산화 탄소를 흡수하지만, 죽으면 자연 분해가 되는 과정에서 흡수했던 이산화 탄소를 다시 배출해요. 그래서 건강한 숲을 위해서도 버려진 나무는 처리해야 해요. 게다가 버려진 나무와 나뭇가지를 방치하면 바싹 말라 작은 불씨에도 불이 날 수 있어요. 폭우가 내리면 댐으로 쏠려 와 물을 오염시키거나 산사태를 일으킬 수도 있지요.

자연에서 버려지는 나무뿐 아니라 가구로 만들어졌다가 버려진 나무도 많아요. 매년 우리가 버리는 목재는 가구와 생활용품이 1,627톤, 사업장 폐기물이 2,310톤, 건설 폐기물이 923톤가량 돼요. 나무 쓰레기로 에너지를 만드는 일은 쓰레기를 줄이면서도 자연에 도움이 되는 일이에요.

어떤 나무든 에너지로 만들 수 있나요?

버려진 나무(폐목재)는 등급별로 분류해 활용하고 있어요. 가구를 만든 후에 원목 상태로 남은 폐목재와 잘린 부스러기는 1등급이에요. 또 숲에서 벌목, 가지치기로 생긴 폐목재도 1등급에 해당해요. 2등급은 접착제나 페인트, 기름과 같은 물질이 묻은 폐목재예요. 3등급은 유기 화합물이나 방부제를 사용해 오염된 폐목재예요. 화재로 탄 폐목재도 3등급이지요.

그럼 등급별로 어떻게 활용되는지 알아볼까요? 1등급은 톱밥, 바이오에탄올, 펠릿 등으로 만들고, 2등급은 톱밥과 퇴비용 원료로 만들어요. 3등급은 오염이 심해 태우는데, 이때 발생하는 열을 에너지로 활용해요.

8장 버리는 열매로 에너지를 만든다고?

향기로운 에너지

오렌지의 저주

소피아가 사는 곳은 스페인 세비야시의 엘비라 광장 근처로 늘 관광객으로 북적여요. 이곳에서 소피아네는 작은 게스트 하우스를 운영하고 있어요.

'열매 하우스 오픈'

소피아는 오늘도 하루의 시작을 알리는 팻말을 문 앞에 걸었어요. 아침 공기를 깊게 들이마시자 진한 오렌지 향기가 느껴졌어요. 매년 7월마다 가로수에 흐드러지게 열리는 오렌지 열매는 진하고 상큼한 향기를 뿜어내요.

이른 아침부터 거리를 걷는 관광객들이 오렌지 나무를 칭찬하며 소피아 앞을 지나갔어요. 소피아는 그 칭찬이 좋았지만, 한편으로는 걱정이 됐어요. 사람들의 칭찬은 오렌지의 저주가 시작되면 뚝 그쳐 버릴 테니까요.

"와, 정말 예쁘다. 가로수가 모두 오렌지 나무야."

"따 먹으면 맛있을까? 근데 따도 되나? 이곳에 사는 사람들은 정말 좋겠어."

소피아는 못 먹는 오렌지라고 말해 주고 싶어서 입이 근질거렸지만 꾹 참았어요. 가로수에 달린 오렌지가 흔히 먹는 것과는 다른 품종임을 소피아도 어릴 때 알았어요. 땅에 떨어진 예쁜 오렌지를 까먹다가

시어서 뱉어 버린 적도 있었지요.

소피아가 다시 게스트 하우스로 들어가려는데 손님들이 찾아왔어요.

"여기가 열매 하우스인가 봐."

"어머, 아기자기하다. 들어가자. 직접 만든 오렌지잼도 판매한대."

손님들은 들어오자마자 로비에 진열되어 있는 오렌지잼을 구경하느라 바빴어요.

"어서 오세요. 열매 하우스에 오신 걸 환영합니다. 예약하셨지요?"

손님을 맞이하던 엄마는 문득 창밖을 보더니 소피아에게 말했어요.

"소피아. 비가 오려나 봐. 밖에 있는 화분 좀 안으로 가져다 놓으렴."

엄마의 말에 소피아는 다시 밖으로 나갔어요. 하늘을 보니 정말 빗방울이 금세 떨어질 것 같았어요. 그때 소피아 발 앞으로 오렌지 하나가 툭 떨어졌어요.

'오늘이 오렌지의 저주가 시작되는 날이구나!'

오렌지가 익어 가로수에서 떨어지는 것을 소피아는 오렌지의 저주라고 불렀어요.

그날부터 오렌지들은 마구 도로에 떨어졌어요. 그 광경을 처음 본 사람들은 그것마저도 신기해했어요. 시간이 지나자 도로는 점점 엉망이 됐어요. 비가 내리면서 바닥에 떨어진 오렌지들은 금방 뭉개졌어요. 차도로 굴러간 오렌지는 차에 밟혀 터지고 으깨졌어요. 예쁜 주황색 오렌지는 검고 흉측한 쓰레기로 변해 버렸지요. 사람들은 오렌지 쓰레

기를 피하다가 미끄러지기도 했어요.

소피아 가족도 손님들의 불평불만을 들어야 했어요.

"발밑이 끈적끈적해. 왜 오렌지 나무를 이렇게 많이 심어 놨지?"

사람들은 나무에 달린 오렌지는 좋아해도 나무에서 떨어진 오렌지는 싫어했어요.

거리를 청소하는 사람들도 바빴어요. 하루 종일 즙이 가득한 무거운 오렌지들을 쓸어 담아야 했어요. 소피아 가족도 마찬가지였어요. 손님들이 신발에 묻혀 온 오렌지 찌꺼기로 엉망이 된 바닥을 하루에도 몇 번씩 닦아야 했거든요.

"빨리 사라져라! 오렌지 저주야."

게스트 하우스 입구에 떨어진 오렌지를 소피아가 발로 쓱 밀어내며 말했어요. 그때 소피아 뒤로 누군가 다가왔어요. 2층에 묵고 있는 키가 아주 큰 여자 손님이었어요.

"참 아깝단 말이지. 저 많은 오렌지로 뭐라도 할 수 있을 텐데 말이야."

"저 오렌지로 잼을 만들어요."

소피아의 대답을 듣고도 여자 손님은 시큰둥했어요.

새로운 오렌지 실험

소피아와 키 큰 여자 손님이 오렌지 저주로 물든 길을 보며 한참을 서 있는데 주민 센터 직원이 뭔가를 들고 왔어요.

"소피아, 마을 소식지를 가지고 왔어. 바닥이 젖었으니 갖고 들어가렴."

"네, 감사합니다."

이맘때 나오는 마을 소식지에는 늘 가로수의 오렌지 소식이 빠지지 않고 실려 있어요. 지난해에는 깨끗한 오렌지를 골라 영국의 잼 공장에 수출했다는 소식이 있었어요. 이번엔 어떤 소식이 실렸을까 궁금해하며 소식지를 펼친 소피아는 눈이 휘둥그레지고 말았지요.

"세비야시, 오렌지 쓰레기로 에너지를 만든다!"

 깨끗한 열매를 활용한 적은 있었지만 으깨진 오렌지 쓰레기로 무언가를 한다는 소식은 처음이었어요. 게다가 전기를 만든다고 적혀 있었어요. 옆에 있던 키 큰 여자 손님의 시선도 소식지를 향해 있었어요. 둘은 눈이 마주쳤어요.
 "정말 특별한 뉴스구나. 난 에리카라고 해. 잡지 기자라 특별한 도시 이야기를 취재하려고 미국에서 왔는데, 더러운 오렌지 거리로 실망하던 중이었거든. 혹시 날 좀 도와줄 수 있겠니?"
 "제가요? 어떻게요?"

"오렌지 쓰레기에 대해 취재하고 싶은데, 혹시 인터뷰할 사람이 없을까?"

소피아는 곰곰이 생각했어요. 그러다 며칠 전부터 거리의 오렌지를 수레에 담는 아저씨가 떠올랐어요. 그 아저씨라면 오렌지 쓰레기가 어디로 향하는지 알 것 같았어요.

"좋아요. 저를 따라오세요."

소피아는 에리카와 함께 거리로 나갔어요. 마침 아저씨가 오렌지 쓰레기를 수레에 담고 있었어요.

"아저씨, 이 쓰레기로 정말 전기를 만드나요?"

"응? 잘 모르겠는데? 저기 저 사람에게 가 보렴. 아마 담당자일 거야."

소피아는 모르는 사람에게 자꾸 말을 거는 일이 부끄러워 가슴이 두근거렸어요. 하지만 크게 숨을 들이쉬고 용기를 냈지요. 다른 나라 사람들에게 세비야시를 멋지게 소개하고 싶었거든요.

"아저씨, 안녕하세요. 정말 오렌지 쓰레기가 전기가 되나요?"

"그래. 그런데 어떻게 알았니?"

"마을 소식지에서 봤는데, 좀 더 자세히 알고 싶어서요."

"잘 찾아왔구나. 내가 시청의 담당자란다."

소피아는 아저씨에게 에리카도 소개했어요. 미국에서 온 기자라는 말에 아저씨는 전기를 만드는 과정까지 자세히 알려 주겠다고 했어요.

"우선, 거리에 떨어져 있는 오렌지 쓰레기를 모두 수거합니다. 세비

야시 오렌지만 합쳐도 수천 톤이나 돼요. 모은 오렌지는 공장으로 가져가 으깹니다."

"신기해요. 전기를 만드는 과정이 잼을 만들 때랑 비슷하네요."

에리카가 재미있다는 듯 호응했어요.

"그렇죠? 이제 으깬 오렌지를 발효시켜요. 산소가 없는 곳에 으깬 오렌지를 두면 메탄가스가 발생하거든요. 그 메탄가스로 발전기를 돌리면 전기가 만들어져요. 가축의 배설물이나 버려진 농작물로 전기 에너지를 만들 때도 같은 원리를 이용하지요."

이번에는 소피아가 물었어요.

"그럼 오렌지 쓰레기로 만든 전기는 어디에 사용해요?"

아저씨는 이 전기를 우선 정수장에서 사용한다고 했어요. 나중에는 각 가정에도 전기를 공급할 계획이고요.

한참 동안 아저씨의 이야기를 들은 소피아와 에리카는 게스트 하우스로 향했어요.

"소피아, 정말 고맙구나. 덕분에 특별한 도시 이야기를 쓸 수 있게 됐어."

"저도 오렌지로 전기를 어떻게 만드는지 알게 돼서 신기했어요."

거리를 걸으며 에리카는 하늘을 계속 쳐다봤어요. 파란 하늘과 주황색 오렌지, 초록색 잎이 너무 예쁘다며 계속 사진을 찍었어요. 하지만 소피아는 고개를 숙인 채 바닥에 뒹구는 오렌지를 눈으로 찾으며 걸었어요. 앞으로는 오렌지의 저주라는 말을 쓰지 않겠다는 다짐도 했어요. 거리에 있는 오렌지는 이제 쓰레기가 아니라 소중한 에너지가 될 테니까요.

쓰레기를 뒤져라! 에너지를 찾아라!

과일 폐기물 에너지

상품 가치가 떨어져 버려지거나 익기도 전에 자연재해로 손상된 과일, 주스 등에 원료로 사용되고 남은 과일 껍질과 부산물을 모두 과일 폐기물이라고 해요. 과일 폐기물을 이용해 바이오가스, 바이오에탄올 등의 친환경 에너지를 만들 수 있어요.

오렌지 쓰레기로 전기를 만드는 스페인 세비야

스페인 남쪽에 위치한 세비야는 플라멩코로 유명한 도시예요. 이곳에는 유명한 게 하나 더 있어요. 바로 오렌지 나무 가로수예요. 무려 5만여 그루의 오렌지 나무가 도시의 거리를 수놓고 있지요.

세비야의 오렌지 나무 가로수

거리의 오렌지 나무에는 푸르른 잎과 싱그러운 열매가 탐스럽게 열려 있어 관광객의 눈길을 사로잡아요. 이 오렌지는 먹을 수 있는 품종이 아니에요. 시고 쓴맛이 나서 먹기 어렵지요. 그래서 오렌지 열매 대부분은 떨어진 채로 사람들의 발에 차이고 뭉개지다가 결국 쓰레기 매립지에 버려졌어요. 세비야의 오렌지 쓰레기는 인근 지역까지 포함해 매년 4만 5,000여 톤이나 나왔어요.

세비야는 가로수의 오렌지를 모아 친환경 전기 에너지로 만들었어요. 오렌지를 발효시켜 만든 메탄가스로 전기를 생산했지요. 먼저 오렌지 35톤으로 전기를 만들어 정수장에 공급했어요. 나중에는 각 가정까지 전기를 공급할 계획이지요. 오렌지 1톤으로 생산하는 전력량은 약 50킬로와트시로, 다섯 가구가 하루 동안 소비하는 전력량이에요. 만약 세비야 가로수에서 떨어진 오렌지를 모두 전기 에너지로 바꾸면 7만 3,000가구에 하루 동안 전기를 공급할 수 있다고 해요.

천덕꾸러기에서 신데렐라가 된 자트로파

자트로파 열매

자트로파는 말레이시아, 필리핀, 베트남 등 동남아시아 지역에서 자라는 식물이에요. 독성이 있어 먹지 못하기 때문에 쓸모없는 식물로 여겨졌지요. 그동안 자트로파는 가축을 가두는 울타리에 사용됐어요. 특유의 냄새와 맛 때문에 동물들이 가까이 가지 않았거든요.

그러나 자트로파 열매가 친환경 에너지의 원료가 된다는 사실을 발견하면서 인기를 얻기 시작했어요. 자트로파는 척박한 땅에서도 잘 자라고 키우기 쉬워 항공사들이 자트로파 농장에 많은 투자를 했어요. 옥수수, 콩 등의 식량으로 에너지를 만들면 곡물 가격이 올라가요. 이 때문에 자트로파는 대체 에너지 원료로 더욱 인기를 얻었어요. 또한 옥수수, 사탕수수보다 면적당 수확량도 많고 8개월만 키우면 수확할 수 있다는 장점도 있답니다.

카카오 열매 쓰레기로 불을 밝히는 코트디부아르

우리가 좋아하는 초콜릿의 원료는 카카오나무의 열매예요. 정확히는 열매 안에 있는 카카오 콩이라 불리는 20~60개의 작은 씨앗이지요. 그래서 씨앗을 제외한 껍질과 과육은 모두 쓰레기로 버려져요. 초콜릿에 사용되는 씨앗 1킬로그램을 얻으려면 카카오 열매 쓰레기가 10킬로그램이나 나와요.

코트디부아르는 600만 명의 사람들이 카카오와 관련된 일을 하는 세계 최대 카카오 생산국가예요. 그만큼 카카오 쓰레기가 넘쳐 나지요. 최근 코트디부아르의 디보에는 서아프리카 최대 규모의 바이오매스 발전소가 세워졌어요. 이 발전소에서는 카카오 열매 쓰레기로 전기 에너지를 만들고 있어요. 덕분에 전기를 만들 때 나오는 온실가스를 해마다 450만 톤이나 줄일 수 있게 됐지요.

두리안 껍질로 만든 전기차 고효율 배터리

열대 과일의 귀족으로 불리지만 고약한 냄새를 풍기는 두리안을 먹어 본 적 있나요? 두리안 껍질은 크고 딱딱해 동물도 먹지 못해요. 음식물 쓰레기로 배출할 수 없는 일반 쓰레기이지요. 그런데 버려지는 두리안 껍질을 훌륭한 에너지 저장 장치로 활용할 수 있다고 해요.

두리안

호주 시드니의 한 연구팀은 두리안 껍질이 슈퍼 커패시터가 될 수 있다는 연구 결과를 발표했어요. 슈퍼 커패시터는 많은 양의 전기 에너지를 저장한 뒤 필요할 때 순간적으로 고출력 전기를 보낼 수 있는 에너지 저장 장치예요. 일반 배터리에 비해 에너지를 100분의 1만큼만 저장해도 출력 능력은 100배가량 높아요. 슈퍼 커패시터는 전기 자동차 시대에 주목받고 있는 차세대 에너지 저장 장치예요. 그런 슈퍼 커패시터를 버려지는 과일 껍질로 만들 수 있다니 놀랍지 않나요?

왜 열매 쓰레기로 에너지를 만들까요?

열매 쓰레기로 에너지를 만드는 일이 왜 중요할까요?

인도네시아에서는 매년 80억 개의 코코넛 쓰레기가 재활용되지 못해 소각되거나 방치되고 있어요. 또 커피 원두는 99.8퍼센트가 커피 찌꺼기로 버려지지요.

커피 소비량이 세계 3위인 우리나라에서는 커피 찌꺼기가 매년 15만 톤가량 나와요. 보통 커피 찌꺼기는 태우거나 땅에 묻는데, 1톤을 태울 때마다 이산화 탄소 338킬로그램이 발생해요. 자동차 1만 1,000대가 내뿜는 매연과 맞먹는 양이지요. 또 커피 찌꺼기를 땅에 묻으면 커피에 있는 카페인 성분이 토양을 오염시켜요. 영국, 스위스, 프랑스 등 유럽 국가와 일본은 오래전부터 커피 찌꺼기를 바이오디젤과 커피 펠릿 등의 재생 에너지로 활용하고 있어요.

버려지는 과일은 얼마나 될까요?

과일과 채소는 전체 생산량의 45퍼센트가량이 쓰레기가 된다고 알려져 있어요. 대부분 미처 수확하지 못하거나 소비자의 선택을 받지 못해 버려져요. 인도네시아의 과일 도매 시장에서는 한 곳에서만 매일 1톤이, 네덜란드의 로테르담 시장에서는 매일 3,500킬로그램가량이 과일 쓰레기로 버려지고 있어요. 감귤의 고장 제주도에서는 즙을 짜고 버려지는 감귤 찌꺼기가 매년 6만 톤가량 배출되고 있어요. 팔리지 못하고 부패해 버려진 감귤도 매년 수천 톤씩 쏟아져 나오지요. 감귤 폐기물을 매립하는 곳도 부족해져 이제는 자원으로 활용해야 한다는 목소리가 높아지고 있어요.

냄새나는 똥이
에너지가 된다고?

1판 1쇄 인쇄 2023년 10월 31일
1판 1쇄 발행 2023년 11월 6일

글 우설리
그림 문대웅
발행인 손기주

편집팀장 권유선
편집 장효선
디자인 썬더키즈 디자인팀
인쇄 길훈 씨앤피
세무 세무법인 세강

펴낸곳 썬더버드
등록 2014년 9월 26일 제 2014-000010호
주소 경기도 의왕시 정우길47. 2층
전화 031 348 2807 **팩스** 02 6442 2807

ISBN 979-11-90869-81-2 (73530)

값은 뒤표지에 있습니다. 잘못된 책은 구입하신 곳에서 바꾸어 드립니다.
썬더키즈는 썬더버드의 아동서 출판브랜드입니다.

<함께 만들어 가는 세상>

01 바다를 살리는 비치코밍 이야기
화덕헌 글 | 이한울 그림
12,000 | 9791196621032

02 세상을 움직이는 소년 소녀
이선경 글 이한울 그림
12,500 | 9791196621070

03 쓰레기 산의 비밀
강로사 글 | 박현주 그림
12,000 | 9791196621087

04 미래를 위해 지켜야 할 주권 이야기
김은영 글 | 이한울 그림
13,000 | 9791190869065

05 지구인을 위한 패스트 패션 보고서
민마루 글 | 유유 그림
12,500 | 9791190869126

06 마음이 따뜻해지는 학교 이야기
박영주 글 | 이한울 그림
13,000 | 9791190869263

07 모두를 위한 제주도 환경 이야기
천권필 글 | 문대웅 그림
13,000 | 9791190869270

08 스마트폰으로 세상을 바꾸는 작은 영웅들
이승주 글 | 문대웅 그림
13,000 | 9791190869386

09 제주도를 지키는 착한 여행 이야기
노수미 글 | 이한울 그림
13,500 | 9791190869447

10 지구를 지키는 트래쉬버스터즈
김영주 글 | 서정선 그림
13,000 | 9791190869508

11 지구를 살리는 특별한 세금
전은희 글 | 황정원 그림
13,800 | 9791190869515

12 나도 채식을 할 수 있을까?
민마루 글 | 남궁선하 그림
13,000 | 9791190869621

13 지구를 살리는 패션 토크 쇼
우설리·고수진 글 | 안혜란 그림
13,500 | 9791190869645

14 세상을 움직이는 소년 소녀 – 두번째 이야기
이선경 글 | 이한울 그림
13,500 | 9791190869669

15
식탁 위의 기후 위기
강미숙 글 | 문구선 그림
13,500 | 9791190869676

18
지구 다이어트
현민 글 | 김수연 그림
13,500 | 9791190869782

16
지구를 지키는 세계 시민 이야기
홍미선 글 | 문대웅 그림
14,000 | 9791190869751

19
냄새나는 똥이 에너지가 된다고?
우설리 글 | 문대웅 그림
13,500 | 9791190869812

17
지구를 초록빛으로 만드는
우리 가족 이야기
강혜승 글 | 김수연 그림
13,500 | 9791190869768